「きめる」学び

「知的にたくましい子ども」を育てる授業づくり

筑波大学附属小学校 著

図書文化

まえがき

　本校では2015年度より「『きめる』学び」を研究テーマとして設定し，追究してきた。この間の研究成果をまとめたものが本書である。もとより，この成果は現在の教育課題としての「主体的・対話的で深い学び」の実現と密接に関わるものである。

　「主体的・対話的で深い学び」の精神それ自体は，1919年から奈良女子高等師範学校・附属小学校で活躍した木下竹次にその起点を求めることができる。具体的には『学習原論』（目黒書店，1923，15頁）に記された，「学習」を「学習者自らが教師指導の下に或る整理された環境の中にあつて自ら機会を求め自ら刺戟を与へ自ら目的と方法とを定め社会に依拠して社会的自我の向上と社会文化の創造とを図つて行く作用」ととらえる実践・理論である。こうした構えは生活綴り方や単元学習，そして総合的な学習の時間など，子どもの主体性を重視した学習指導において，これまで共通して追究されてきたことであり，それらの成果から今日なお学ぶべき点は少なくない。しかしその一方で，木下自身もその実現には楽観的ではなかったし，今日の大学教育において同じ精神に基づくアクティブ・ラーニングに取り組もうとするグループにおいても，こうした授業実践に伴う「懸念事項」が指摘されている。「フリーライダー」の出現，グループワークの非活性化，思考と活動の乖離などである（森朋子「反転授業」，松下佳代ほか編著『ディープ・アクティブラーニング』勁草書房，2015，53頁）。

　本書はこれらの問題についても克服の見通しを示そうとしたものである。

　本校がめざす子ども像は「知的にたくましい子ども」である。そうした子どもを育むために教育活動の再検討を促すキーワードとして選択されたのが「きめる」である。このキーワードから授業を検討しようとすると，ただちにいくつもの問いが生まれることになる。だれが「きめる」のか，何を「きめる」のか，いつ「きめる」のか，何をもとにして「きめる」のか，どのような段階で「きめる」のか，そもそも何をめざして「きめる」のか，などである。

　このような素朴な問いについて思いを巡らそうとするときに手応えのあるヒントを与えてくれるのが，美術教育学者であるエリオット・アイスナーである。アイスナーは美術の授業づくりに基づいて，説得的な説明を行っていた（仲瀬律久ほか訳『美術教育と子どもの知的発達』黎明書房，1986）。彼が例としてあげるのは，操り人形を製作する授業である。教師が人形を製作して子どもの興味を喚起し，作り方を示し，使うべき材料とその使用方法を教え，製作期間を設定し，さらに「サーカスの道化のような鮮やかで派手な色彩の人形がよい」と付け加える。そのような授業は原著出版当時，一般的なものだったようである。そして，この授業について彼は，授業において導入されたのは，題材のみならず「すばらしい」人形の基準までも含めた諸条件だと

述べ，条件の数が多くなればなるほど子どもの選択の幅は狭められ，逆に教師が条件を減らせば子どもの選択の機会は多くなる，と指摘している。子どもが「きめる」ことが許容される局面は教師が設定する条件の数によって増減する，というのである。

　しかしアイスナーは設定条件の数を減らせば（子どもが「きめる」局面を増やせば）それでよい，という結論を出すべきではないと釘を刺して，授業のもう一つの相互関係をあげている。それが条件設定の必要度と子どもたちの対処能力である。設定条件の適切性は，教師による題材のしくみや子どもたちの実態の把握の仕方によって決定されるというわけである。さらにアイスナーは，子どもたちが学校教育を修了した後も，どのような力を継続して自ら育てていくのが教師の願いなのか，という観点を加えている。それらは条件を減少させていく方向についての見通しである。このように「きめる」学びの実現のためには，子ども理解と将来に向けての構想力が不可欠である。

　私たちが日々取り組む各教科等は，それぞれ成り立ちも構造も異なる。しかし，それらすべてが子どもたちの日常生活から教育内容を見いだし，教科の本質的領域との相互交渉を通して，子どもたちの生活をよりよいものにしていこうとする点において共通している。本校の試みは教科の本質的領域に導かれた各種の学習活動を，手応えのある形で日常生活に還元させるための枠組みづくりと，子どもたちがいきいきと考えを展開させるための目のつけどころの意識化にあるともいえる。それらがそれぞれの単元における学びの深さを判断し，導くために不可欠な手続きであるとするのが本校の提案の基底にある構えである。

　本校のこのような試みについて，皆様からの忌憚のないご意見とご助言をいただければ幸いである。

2019（令和元）年6月14日

　　　　　　　　　　　　　　　　　　　　　筑波大学附属小学校校長　　甲斐　雄一郎

「きめる」学び　contents

まえがき……………………………………………………………………………2

第1章 「きめる」学びとは何か

1　なぜ，「きめる」学びか……………………………………………8
2　「きめる」学びと授業づくり……………………………………14
3　「深い学び」との関連……………………………………………24

第2章 各教科・領域における「きめる」学びの考え方と授業事例

1 国語科の「きめる」学び……………………………………26
目のつけどころをもって読む子どもを育てる

❶ 国語科における「きめる」学びの考え方
❷ 国語科における「きめる」学びの授業モデル
❸ 目のつけどころをもたせる「きめる」学び

2 社会科の「きめる」学び……………………………………38
「よりよい社会」の形成に向け，問い続ける子どもを育む社会科授業

❶ 社会科における「きめる」学びの考え方
❷ 社会科における「きめる」学びの授業事例

3 算数科の「きめる」学び……………………………………50
子どもがきめることで生まれる対話で算数授業をつくる

❶ 算数科で育てたい「知的にたくましい子ども」

❷ 算数科における「きめる」学びの考え方
　　❸ 算数科における「きめる」学びの授業事例
　　❹ 算数科における「知的にたくましい子ども」の様相
　　❺ 「きめる」学びは対話を生み出し，一斉指導のなかで
　　　 個を活かしながら，知的にたくましい子どもを育てていく

4 理科の「きめる」学び ……………………………… 62
「意味理解」をうながす理科授業

　　❶ 「知的たくましさ」の必要性
　　❷ 理科における「きめる」学びの様相
　　❸ 理科における「きめる」学びの授業事例
　　❹ "認知的倹約家"からの脱却

5 音楽科の「きめる」学び ……………………………… 74
音楽科における「知的たくましさ」と授業モデル

　　❶ 音楽科における「知的たくましさ」とは
　　❷ 「知的にたくましい子ども」を育てる授業の要素とは
　　❸ 「きめる」学びの実践と3つの授業モデル
　　❹ まとめ

6 図画工作科の「きめる」学び ……………………… 86
一人一人の「きめる・きめ直す」を活かす図工授業のプロセスデザイン

　　❶ はじめに
　　❷ 図工における「きめる」学びの考え方
　　❸ 子どもが自分で「きめる・きめ直す」図工授業の実際

7 家庭科の「きめる」学び ……………………………… 98
家庭生活での活用を見据えた授業づくり

　　❶ 家庭科における「きめる」学びの考え方
　　❷ 家庭科における「きめる」学びの授業づくり
　　❸ 家庭科における「きめる」学びの授業モデル

8 体育科の「きめる」学び ……………………………… 106
知的にたくましく，動ける体を育む体育科授業

❶ 体育科における「知的にたくましい子ども」と「きめる」学びの考え方
❷ 体育科における「きめる」学びの授業事例

9 道徳科の「きめる」学び ……………………………… 118
「きめ直し」と「感覚と論理の往還」により，子どもが考えを深めていく道徳授業

❶ 道徳科における「きめる」学びの考え方
❷ 道徳科における「きめる」学びの授業事例

10 総合活動の「きめる」学び …………………………… 130
一人ではできない価値ある活動を創りだす子どもを育てる

❶ 総合活動における「知的にたくましい子ども」の姿
❷ 知的にたくましい子どもを育てる「きめる」学び
❸ 総合活動における「きめる」学びの授業事例
❹ 成果と課題

11 英語活動の「きめる」学び …………………………… 142
「きめる」場の設定で表現を広げる英語授業

❶ 英語活動で育てたい知的たくましさ
❷ 英語活動における「きめる」学びの授業づくり
❸ 英語活動における「きめる」学びの授業モデル

12 ICTで支える「きめる」学び ………………………… 150
知的たくましさを育むためのICT機器の活用

❶ ICTの特性に基づくICTを活用した「きめる」学び授業モデルの構築
❷ ICT活用による各教科・領域の能力的要素の育成
❸ ICTを活用した「きめる」学びの授業事例

第1章

「きめる」学びとは何か

1 なぜ,「きめる」学びか
2 「きめる」学びと授業づくり
3 「深い学び」との関連

「きめる」学びとは何か

夏坂哲志

① なぜ,「きめる」学びか

(1) 子どもの現状に対する問題意識

　子どもの現状に目を向けたときに,最も問題だと感じたことは,次のような傾向が見受けられることであった。

> ●学びに貪欲さがない
> 　与えられたものをこなすことで満足してしまい,その先を自ら追究していこうとする粘り強さがあまり見られない。すぐに正解を求めてしまう。
> ●チャレンジする意欲,冒険心が足りない
> 　わからないことがあると,すぐにあきらめてしまう。何とかして困難を乗り越えようとする気力に欠ける。
> ●柔軟でしなやかな発想が少ない
> 　「おや」「変だな」「どうしてだろう」と感じる部分が足りない。新しい発想を生み出すような体験が不足している。

　このような状況を生み出す要因として,さまざまなことが考えられる。

　例えば,パソコンやスマートフォンなどの普及により,インターネットを使ってさまざまな情報を簡単に手に入れられるようになったこともその一つであろう。答えがわからないときには,短時間で簡単に情報にアクセスできる。それによって,本当に理解しているかどうか,実感が伴うかどうかは別として,とりあえず答えを手に入れることができる。必要としなくても入ってくる情報の量も増えた。このような環境下で,自分で考える,自分で判断を下すといったことが少なくなったと考えられる。

　一方,学校現場では,全国学力・学習状況調査に代表されるように,テストの点数のような見える学力を向上させることを周囲から求められる傾向にある。このような状況下で,教師は子どもに試行錯誤をさせる時間を取ることがむずかしくなっている。

自力で解決できるようにしたいのだが,「わからない」と言う子へのヒントが過ぎると自分で考える力を奪うことにもなりかねない。また,授業の質を揃えることが要求されるがあまり,本来の目的から離れた形式的な指導方法が多く見られるようになった。

　このような授業は,子どもを他の子どもと同じにすることを重視しているかのようである。そのなかで,子どもたちは,正解を出せることがいいことだという学習観をもってしまっているのではないだろうか。

　家庭に目を転じてみても,はみ出ることを恐れ,周りと同じでないと安心できないといった親が多くなったのではないか。なかには,我が子ができるだけ失敗しないようにと,親が先回りしてお膳立てしてしまう場合も見受けられるという声も聞く。

　このように,生活のなかでも,学校でも,
・待っていればだれかが答えを与えてくれる
・自分で判断を下す必要がない
といった状況になってきていると考えられる。そのなかで,
・得られた答えに疑問をもたない
・自分で答えをきめられない
・自分の答えに自信がもてない
といった子どもが増えているようである。

　このような社会において,学校が果たすべき役割は何か,どのような授業が求められるのか,について研究する必要があると考えた。

(2) 知的にたくましい子どもを育てる

　我々が育てたい子どもは,「知的にたくましい子ども」である。「知的たくましさ」を備えた子どもという言い方もできる。

　「知的にたくましい子ども」というのは,簡単に言うと,さきの3つの問題点とは逆の姿を見せる子どもである。その3つをつなげてみると,次のような言葉になる。

> チャレンジする意欲,冒険心が旺盛で,柔軟でしなやかな発想ができ,自分の力で粘り強く納得できる答えを見つけようとする子

　しかし,これではまだまだ十分に言い表せていない。資質的な要素として,次のようなものを求めたい。

> ・どんな問題に対しても,自然体で臨み,自分の考えや立場を素直に表現できる。
> ・学びの対象と出合ったときに,自分で動き出す。「こうしてみよう」「こうしてみたい」がある。

- 困難を楽しむ。先が見えなくても，とりあえず一歩を踏み出してみる。
- 失敗を恐れず，回り道をしながらも，何度でも粘り強くチャレンジする強い意志をもつ。
- 試行錯誤をくり返しながら，実現に近づいていく。価値ある失敗，価値ある遠回りができる。
- 他の子とは違う方法を試してみようとする。
- 自分のチャレンジを肯定して前に進んでいく。
- 遊び心をもっている。
- 自分と異なる意見や発想，視点などを受け入れ，自分の考えと冷静に比較できる。
- 一つの発想に縛られずに，さまざまな方向から発想し，自分の可能性を広げようとする。
- 先のことや周りのことに対して，想像力を働かせることができる。
- たどり着いた答えやでき上がった作品，自分の行為などについて責任をもつ。納得できるものかどうか，吟味する。

これらは，学びに向かう心，態度に関わる要素であり，学びを支える基盤となるものである。

(3) 「きめる」をキーワードに授業を考える

「知的たくましさ」を育むために，我々は，「きめる」をキーワードにして，授業を中心とする小学校における教育活動を見直すことにした。

子どもの姿はいつも現在進行形であって，いろいろな活動のなかで，その瞬間，瞬間，何かをきめながら活動している。

例えば，公園で遊んでいる幼い子どもがジャングルジムに上っていく姿を見ても，「最初にどこにつかまろうかな」「次に足をどこにかけようかな」というように，自分の次の行動をきめてやってみる姿が見られる。それができたら，さらに「もう一段登れるだろうか。よし，やってみよう」と，新たな課題を自分できめ，挑戦してみようとする姿も見られる。

さらに，やりたいこと，興味のあることが生まれた子どもは，その子に親が無理に別のことをさせようとしても強く拒んだり，自分の力でやろうとしていることに貸そうとする親の手を振り払ったりする様子もうかがえる。

このような姿から，どの子も生まれながらにして，自分の意図や欲求を表現し，実現しようとする意志力をもっている。そして，「きめる」ことを積み重ね，より高次な決定をしながら人は成長しているととらえることができる。

学びにおいても，まず，「これはこうしよう」，だめだったら「次はどうしようか」と立場や方法をきめながら進んでいくことが，自らの学びを創っていくことにつながる。

そのため，子どもが自分の考えなり，立場なりをきめる必要性のある場面に追い込むことから，その子なりの学びが生まれてくるのではないかと考えた。

自分の立場をきめるために，子どもは何をするのか。きめた子どもはどのような動きを見せるのか。その動きに対する他者の評価，自分の評価がどのように作用して成長していくのか。また，動き出した結果を次にどのように活かしていくのか。さらに，みんなできめるための話し合い（自分の意見を伝える。意見を受け止めて質問する。質問に答える。新しいアイデアを生み出す）はどのように進めていけばよいのか。そして，「きめる」過程において，情報スキルの質はどのように高まるのか。そういったところを分析していくことを通して，研究を深めていきたいと考えて，研究テーマを設定した。それが，「『きめる』学び」である。

(4) なぜ，「きめる」学びか

ここまで述べてきたように，これから求められる教育を考える一つの視点として，「きめる」が見えてきた。この「きめる」について，別の視点からもとらえてみたい。

① 子どもが自分できめる機会が減っている

周りの大人がさまざまな情報を与えてくれたり，お膳立てをしてくれたりすることが多くなったことは前述したとおりだ。

三谷宏治氏は，日本の親たちは「与えすぎる」と警鐘を鳴らす。与えすぎているものとして，「指示」「予定」「モノ」「カネ」「答え」「勉強」「夢」をあげている[1]。

この指摘に同意見である。与えられすぎることにより，子どもたちは「立ち止まって考える」とか「自分と向き合う」ための貴重な時間を奪われてしまう。自分で判断し，実行に移し，そこから学ぶという時間が十分ではなくなるのである。その結果，自分できめることができない子や，逆に，よく考えずに安易にきめてしまう子，すぐにきめるがきめたことに責任をもてない子，きまるまでの手続きや時間を待てない子が増えているのではないか。

さらに，そのような姿を見た大人が，子どもが自分の力で動き出すのを待つことができず，本来は子どもが自らの手で獲得すべきものをさらに与えてしまったり，障害を取り払ったりすることにより，ますます子どもの力が育つ機会を奪ってしまうという悪循環をくり返すこともある。

同様のことが，学びの場でも行われているのではないかという見直しが求められる。

② 市民生活における「きめる」

子どもたちが学校を卒業したその先のことも考えてみる。何年も前から言われてい

るように，いわゆるよい学校を出てよい会社に入社すれば安泰という時代ではない。
　児美川孝一郎氏は，働き方，稼ぎ方の変化について，次のように述べる。
「日本型雇用が崩れたということは，組織が個人の面倒を見てくれなくなったということです。個人が自分のキャリアを自分で開発していかなければならない。どこでどう働いて稼ぐのか。一つの場なのか複数の場で稼ぐのか，副業をするのか起業をするのか。いろいろな選択肢のなかで，個人がきめていく時代となったのです」
　そして，子どもたちに求められる力について，「個人が自分のキャリア，生き方，働き方，学び方をきめていかなければならない時代ですので，それを実現できる力が絶対に必要だと考えます」と言及する[2]。
　職業に関わることではなくても，一般市民として，「原子力発電所は必要か」というような地球規模に関わる問題から，「ごみ出しの方法」といった町内の約束のようなものまで，正解のない問題について，他者との対話や協働を通して，市民一人一人やさまざまなコミュニティーが合理的・批判的に判断し，最適解や納得解を導き出していくことが求められる世の中である[3]。
　学校の授業で扱う問題は，そのほとんどに正解が用意されているわけだが，そこにたどり着くまでの過程のなかで，「それは本当に正しいと言えるのか」「自分はこう考える」というように，自分の立場をもち，他者の考えを受け入れたり反論したりしながら，納得のいく解をつくっていくという経験を積むことを重視したい。

③　動機づけ理論の見地から

　近年の動機づけ理論の主流となっているものの一つに，自己決定理論がある[4]。自己決定理論は，学習やパーソナリティの形成・発達の中核に，自己決定性の概念を位置づけた理論であり，なかでも特に「自律性」の概念が重要視されている。教室では，子どもが自ら進んで学び，課題を解決するという高い自律性をもつとき，理解・習得や成績において最も高いパフォーマンスを発揮すると言われている。
　リーブの研究では，子どもが自ら考え，意思決定することを促す，自律性を支える教師の行動を観察すると，いくつかの特徴が認められると報告されている。例えば，授業の導入場面で，何かの疑問や意見をもっているときに，その反応に敏感に対応し積極的に意見を聞く。振り返りの場面で，教師の意見や正解か否かのみを強調するのではなく，その子の視点や意見を認め評価するとか，どの部分が進歩したのかをガイドするような言葉かけを行う，といったことである。
　自律的動機づけ[5]などの研究理論なども合わせて参考にしながら，各教科・領域の授業において「知的にたくましい子ども」を育てるために何をどうすべきか，その具体的な方策について考えていく必要がある。

④ 人と関わる力，道徳性を高める

　学校は，集団のなかで他者と関わりながら学習する場所である。相手との関係性のなかにおいて，「自分はこうする」「自分はこう思う」というように，自分なりの「立ち位置」「答え」「行動」「表現」などをきめながら学びを進めていく。

　正解は一つではなく，「ここでは何をどう言うのがよいか」「ここではどちらを選べばよいか」というように，相手のことを考えて主張したり，相手のことを受け入れたりするときに，その子なりの判断力と行動力が求められる。そして，そこには，何らかの結果が出るわけだが，その結果を受け入れ，責任をもつということまで意識しなければならない。

　必ずしもうまくいくとは限らないが，他者を意識した決定をくり返すことで，学びはより深くなる。また，同時に，人と関わる力や道徳性も高まることが期待できる。

⑤ 「きめる」と「知的たくましさ」のつながり

　図1は，「きめる」と「知的たくましさ」の関係をイメージ図に表したものである。

　我々は，「知的たくましさ」という大きな木を育てたいと考えている。その「知的たくましさ」には，資質的な要素と能力的な要素がある。

　資質的な要素は，子どもたちが学びを進めていく心や態度に関わる部分である。一方，能力的な要素は，動き出してから必要となる手段や能力と言える。

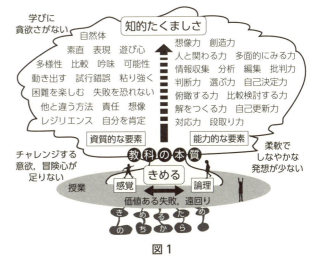

図1

　学びのなかで「きめる」ことにより，この木はだんだんと太く高く枝を伸ばし，葉を広げていくことをイメージしている。その「きめる」は，教科の本質に関わるものであることは，言うまでもない。

　資質的な要素は，「きめる」ことをくり返すことにより，能力的な要素を生み出すことがある。また，能力的な要素は，資質的な要素によって，より有効に活用されることが期待できる。

　また，子どもが何かを「きめる」とき，その様相は主に二つある。一つは「感覚的にきめる」あるいは「感覚できめる」であり，もう一つは「論理的にきめる」である。

　「感覚的にきめる」というのは，それまでの経験やその子がもっている感覚などで

直感的・直観的にきめるようなことを指している。また「感覚できめる」というのは，例えば体育科や音楽科，図画工作科や家庭科などのように，身体感覚を伴いながら何度も試したり確かめたり，あるいは練習したりするような活動を通して子どもが何かをきめていくようなことを指している。

一方「論理的にきめる」とは，物事の因果関係を踏まえた思考を働かせることによって，解をきめていくことである。「これはこのような理由によって，こういう解が導き出される」というようなきめ方である。ときには，自身の経験を伴わない場合も含む。

「論理」の部分は，言葉などで表現されることが多いため，外に見えやすく，逆に「感覚」は見えにくい。しかし，豊かな「感覚」が伴わない「論理」は薄っぺらなもので，「知的たくましさ」につながるものにはならない。表に見えにくい豊かな「感覚」が確かな「論理」を支えるのである。

そして，その「感覚」と「論理」が双方向にバランスよく行き来することによって，適切に「きめる」ことができるようになると考える。

また，そのために必要な時間と空間が，試行錯誤などをくり返す「価値ある遠回り」である。

このようにして，「感覚的」な部分と「論理的」な部分の双方が結びつくことによって，「きめるための力」が育っていく。それは，「知的たくましさ」を支える根っこのようなものである。

❷「きめる」学びと授業づくり

(1)「感覚と論理」という視点

「感覚的にきめる」と「論理的にきめる」は，授業のなかでくり返される。この2つの「きめる」に着目して授業を分析すると，いくつかのプロセスが見えてくる。以下，3つのプロセスについて示してみたい。

① 主に「感覚」から「論理」へと進むプロセス

算数科の山本は，教科書に「87＋98の計算をくふうしてしましょう」とある2年生の問題を少し変えて，「87＋□＋98」と板書した。そして，「□のなかに数字を書き入れて，なるべく簡単に計算できる問題にしましょう」と発問した。

つまり，子どもが□のなかの数を「きめる」場を設定したわけである。ここで，子どもたちが選んだ数は次のa～fである。

　　a　87＋13＋98　　　b　87＋2＋98　　　c　87＋5＋98
　　d　87＋15＋98　　　e　87＋1＋98　　　f　87＋0＋98

子どもたちから出されたさきの式を板書すると,「なるほど!」「アーッ」「エッ?」とさまざまに反応があった。「なるべく簡単に計算できる」という条件と照らし合わせて,それぞれの数について吟味しているのである。そして,実際に計算してみることによって,自分がいいと思った数以外の数にもそれぞれよさを見いだし始める。

aやbは,「どちらも100がつくれるから計算が簡単」ということになる。

 a　(87＋13)＋98　　　b　87＋(2＋98)

cやdは,すぐにはわかりづらいが,□のなかの数を分解することによって2つの100をつくることができる。

 c　87＋5＋98＝(87＋3)＋(2＋98)
 d　87＋15＋98＝(87＋13)＋(2＋98)

cとdも,「切りのいい数にしたい」という感覚で選んでいる点でa,bと共通している。そのことを言葉や式で表現することによって,論理が見えてきたととらえることができる。

一方,eやfを,a～dと比べて「簡単じゃない」という子どもがいる。□のなかに入れた数そのものは「1」や「0」で簡単なのだが,「繰り上がりがあって計算が面倒だ」というのがその理由である。これに対して「それでも簡単に計算できる」と言った子どもも多くいた。

ここで山本は,「簡単にできる」という子どもにヒントを出させた。その子のヒントは「100」という数。このヒントをもとに「面倒だ」と言っていた子どもたちは「なるほど!」「そうか!」という声を上げて,新しい計算の仕方を見いだしていく。それは,例えば次のような考え方である。

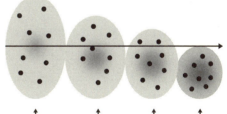

図2

 ア　87＋98＝(87－2)＋(98＋2)
 イ　87＋98＝87＋(100－2)

a～dは100をつくることによって計算を簡単にしていると気づいた子どもたちが,eやfの式も100をつくるという視点で見直したわけである。

この授業を「感覚」と「論理」の視点で図示すると図2のようになる。

右向きの直線は時間軸であり,授業における時間の経過を表す。また,●は,一人一人の子がきめるときに,「感覚」と「論理」のどちらを強く働かせているかを示している。横軸の直線から離れた点ほど感覚的(あるいは論理的)であることを表している。子どもたちは,他の子の数の見方や計算の仕方を聞いて理解することによって,

自分の考えを振り返り，簡単に計算できる数を「きめ直し」ていると言える。この「きめ直し」をくり返すことにより，論理的な見方が深まっていると言える。

② 「感覚」と「論理」を往還させながら進み，最終的に「感覚」へと向かうプロセス

音楽科の髙倉は，6年生の授業で，一つのリズムパターンをモチーフにして，既習の音楽の要素や仕組みを自由に使って音楽をつくる活動を行った。8人のグループによる音楽づくりの学習プロセスには，話し合いから始めて音を出してみる〈論理→感覚〉と，音を出してみてから話し合う〈感覚→論理〉の2通りがある。音楽づくりにおけるこの往還は短い時間で行われ，小刻みであることが特徴でもある。

ここで髙倉は，各グループでつくり上げた音楽作品を発表させた後，そこで終わらずに，自分たちの音楽を見直してつくり直す「きめ直し」の場面を設定した。各グループの発表後に，聴いている者が驚くような音楽的な要素（優しく弱い音量で奏でられている音楽が急に大音量となる）をもった音楽を鑑賞させることにより，「きめ直し」のきっかけとしたのである。子どもたちは，「自分たちの作品にも聴いている人が驚くような仕掛けを入れたい」と「きめ直し」を始めた。自分たちの作品のどこに，どのように強弱変化を入れるかについて話し合い（論理的にきめる），それを実際に音を出して確かめる（感覚的にきめる），このくり返しを経て新たな作品を完成させることができた。

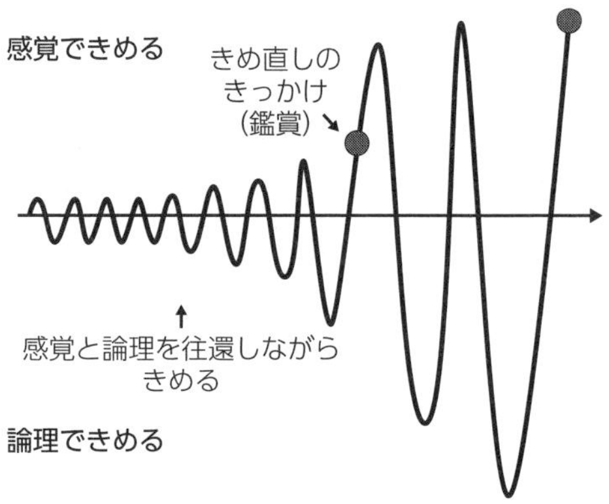

本実践は，教師の手立てによって，大きな「きめ直し」が行われ，図3のように「感覚」と「論理」の間を往還する振れ幅がだんだんと大きくなっていくイメージ図に表せる。個やグループが短時間で比較的大きく往還しているイメージである。

図3

③ 「感覚」と「論理」を往還させながら進み，最終的に「感覚」に向かうか「論理」に向かうか定まらないプロセス

梅澤による，5年生の総合活動の授業事例（p.137参照）である。

子どもたちはまず上野動物園を見学し，絶滅危惧種の保護を目的として飼育していることについて学んだ。絶滅危惧種を救うという視点をもった子どもたちに，次は谷津干潟を見学させた。ここでも絶滅危惧種を保護する活動がなされている。檻のなかに入れて保護する動物園とは違い，干潟の環境を保全することで守ろうという取組みである。

両方の保護の方法を学んだ子どもたちは，「絶滅危惧種を救うのは動物園か干潟か」という論点について，以下のような順序で多様な視点から考えていった。

> i 動物園だと考える理由を述べる
> ii 干潟だと考える理由を述べる
> iii 相手の理由を確認し，質問や反論を整理する
> iv グループ内で相談し，質問内容を考える
> v 干潟から動物園に質問・反論する
> vi 動物園から干潟に質問・反論する
> vii 話し合いを振り返り，相手のよい点を述べる
> viii 司会者が相談し，合意の結果を表明する
> ix 話し合いを振り返り，考えをノートに書く

ある子どものノートには，「動物園と干潟は別々の意味でとても大切なのだと思う。干潟がなくなれば『野生』の動物たちは長い旅の疲れをいやすことができずに途中で死んでしまい，繁殖できない。しかし，動物園がなくなると，育てて増やしていた動物が一気に減少して，絶滅危惧種は絶滅し，絶滅危惧種に指定していなかった動物も絶滅危惧種になってしまう」のように綴られていた。

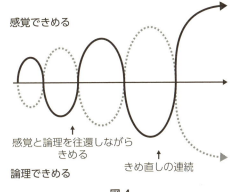

図4

つまり，はじめは感覚的にきめていたことが，見学で体験した感覚，聞き取りで得た知識，友達の意見や価値観に触れることで，子どもの考えは揺れ動いているのである。このように，すぐに結論を出せずに，感覚と論理を往還させながら考え続ける，問い続ける様相は，まさに「知的にたくましい子ども」の姿ととらえられる。

調べたり考えたりした「論理」と，見学時に肌で感じた「感覚」とを往還し続けていった姿をイメージ図に表すと図4のようになる。

(2)「きめ直し」という視点

学習プロセスのなかに「きめる」を取り入れるわけだが，前の項でも明らかなように，1単元，あるいは1題材のプロセスのなかで，子どもが「きめる」場面は，1度にとどまらない。2度，3度，いやもっと小刻みに何度も，という場合もある。

「感覚」と「論理」の往還のプロセスを示したイメージ図を図2～4の3つ示したが，どの場合にも「きめ直し」が行われていることがわかる。1度きめて終わることはなく，「きめ直し」をしながらよりよい方法を見つけたり，追究を深めていったりするのである。

この「きめ直し」は，「知的にたくましい」姿を育てるうえで，有効に働いている

と我々は考えている。

下の図をご覧いただきたい。

左の図5は,「知的にたくましくない」子どもの姿を示している。知識や技能は十分に身についているのであるが,学ぶ意欲や思考力・判断力・表現力が劣っている姿である。これは,バランスを欠いた学びの姿と考えることができる。

一方,右の図6は知識・技能だけでなく,意欲や思考力・判断力・表現力についても大きく伸びている姿である。つまり,「知的にたくましい」姿と言える。

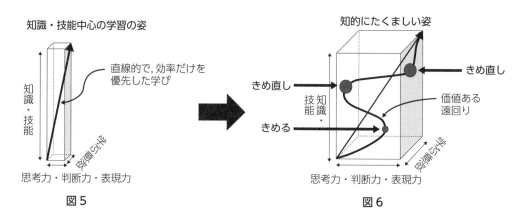

図5は,困難なことに出合った際にすぐに倒れてしまったり,折れてしまったりするイメージである。それに対し,図6はずっしりとしていて,少しの困難にもへこたれないイメージがある。

それぞれの角柱ができる過程を線で表すと,図5は直線的であるのに対し,図6は右に行ったり左に行ったりしながらだんだんと柱を太く成長させている。その方向を変えるポイントとして「きめ直し」を位置づけることができる。つまり,学習を進めていくなかで立ち止まって,自分がそれまでにやってきたことを振り返り,「いまやっていることを,このまま進めてよいだろうか」「次にやるべきことは何だろうか」というようなことを考えながら学びを深めていくのである。それは「価値ある遠回り」であり,学びの過程のなかで多くのことを感じたり考えたりすることによって豊かな学びが行われていく。

このように,「知的たくましさ」に向かう手立てとして,「きめ直し」は重要な必要条件となり得ると考えている。

(3)「『きめる』学び」の様相

研究授業や,日々の授業を通して,各教科・領域における「『きめる』学び」の具体的な様相を整理してきた。めざしたのは,授業モデルの構築とそこで育つ力の分析である。結果的には,次に示す4つの要素に整理することができた。

> きめる①　自分の経験や，これまで身につけてきた知識・技能を活かして「きめる」
>
> きめる②　自分事として「きめる」
>
> きめる③　自分のこだわりをもって「きめる」
>
> きめる④　自分が「きめた」学びを実感する

　この４つの要素は，便宜的に①から④とナンバリングしているが，必ずしも順序性を表すものではない。教科の特性や，単元，教材の特性によって，「きめる①」から「きめる③」に学びの様相がシフトしていく流れもあるし，「きめる②」から学びがスタートする場合もある。

　「きめる①」は，単元や授業のはじめの段階に，教師が設定した場のなかで，教師の投げかけや問いかけによって「きめる」様相を見せる場面である。多くの場合，子どもは「きめさせられている」ということになるが，そのなかでも，子どもは自分の第一歩をどの方向にどの程度踏み出してみるかを「きめる」ことになる。この「きめる①」のなかで，感覚的に気づいたり，やってはみたものの失敗したり，途中で止まったりする。こうした取組みによって，子どもにとって，わかることとわからないことが見えてくることが大切である。この試行錯誤が，子どもにとっての価値ある学びのプロセスとなっていく。

　「きめる②」では，子ども自身が，試行錯誤のなかから見えてきたことを整理し，問題を解決するための「自分なりの筋道」を思い描いて，「きめたくなる」という様相を見せる。子どもが他の「きめた」場面や既習事項と関連させて，「自分はこれにきめてみよう」「このきめかたで進めてみよう」と考え，解き方や答えを絞り込んでいく。

　「きめる③」は，「きめる②」できめたことをお互いに出し合い，双方向にやりとりするなかで，よりよい解決策をつくり上げるときに見られる様相である。

　自分にとっての筋道や答えがはっきりときまっていき，「自分はこのようにきめたのだ」ということが，仲間に対しても表明できる。あるいは，みんなできめたことが，それでよかったのかどうかを判断するという姿もあろう。

　「きめる④」では，子どもが，単元や授業の「『きめる』学び」を通して，自分の「きめる」はこれでよかったのかを振り返ったり，「また次にこのような問題を目の前にしたときには，このようにきめてみよう」と考えたりする。「きめる①」から「きめる③」のなかでも，子どもは絶えず，自分の学びをモニタリングし，振り返っているが，「きめる④」では，自分が進めてきた学び全体を視野に入れて，どうだったかを実感していくことになる。

「きめる④」は，単元や授業の学習直後に子どもが振り返って実感し，そのことをノートなどに書き込むこともあるが，学びの終了後，潜伏期間をおいて，後に滲み出てくるような場合もある。その場合は，教科のノートに表現されるのではなく，日頃から綴っている日記などに，別の出来事について考えるなかで，「そういえば」と，自分の思いとして書かれることがある。「きめる」学びが，他の場面とつながった例と言える。

(4) 各教科・領域の授業モデルの構築

以上のような議論を経て，教科・領域ごとに「きめる」を授業のなかにどのように取り入れていくことが有効であるかを考えてきた。そして，授業実践をもとに，いくつかの授業モデルに整理することを試みた。

詳しくは，各教科のページをご覧いただくことにするが，どの教科においても，モデルが先に存在し，それに当てはめて授業を展開しようとするものではない。また，「きめる」を意識した授業づくりはここに示したモデル例に留まることなく，今後もさまざまな可能性を模索していきたいと考えていることを付け加えておく。

(5) 教師のはたらきかけ

「知的たくましさ」に向かう手立てとして，「きめ直し」は重要な必要条件となり得るということは，前に述べたとおりである。学習プロセスの中盤において，子どもが「きめ直したい」と感じる場をつくるために，教師は何らかの手立てを打つ必要がある。それは何だろうか。

山本の算数科の授業では，友達との考えとのズレ，すなわち他者との関わりが「きめ直し」を促している。

また，髙倉の音楽科の授業では，一度音楽の作品をつくり終わったところで鑑賞活動を取り入れたこと，すなわち場の設定がさらに深い音楽づくりへと向かわせた。鑑賞活動が「きめ直す」きっかけとなっている。

この他にも，いくつかの授業実践から「きめ直し」のきっかけとなる手立てを抽出してみると，大きく次の3つに類別できる。

| ア 教師の発問 | イ 場の設定 | ウ 他者との関わり |

これらの手立てについて，「きめる」学びの様相ごとにもう少し詳しく見てみると，次のようになる。

きめる① におけるはたらきかけ

　ア　教師の発問
　　・子どもの思考・試行をうながす発問
　　・子どもの意表を突く発問

・他者とのズレを生み出す発問　　　　など
　　イ　場の設定
　　・自己選択を核にした「きめる」場の設定
　　・発展性のある「きめる」場の設定　　　　　　　　　　　　など
　きめる②におけるはたらきかけ
　　ア　教師の発問（言葉）
　　・視点を変化させる言葉
　　・違う立場に立たせて考えさせる発問　　　　　　　など
　　ウ　他者との関わり
　　・素直に考える子どもの言葉をクラスに広げる
　　・それまで自分の「きめる」に関わっていなかった他者と交流する
　　・ロールプレイやディスカッションなどを通して視野を広げ，多面的多角的に
　　　考える　　　　　　　　　　　　　　　　　　　　　　　　　など
　きめる③におけるはたらきかけ
　　イ　場の設定
　　・条件などが変化するなかで「きめた」ことを吟味し，再検討するような場を設定
　　　する
　　・いままできめたことを即興的に活かせる場を設定する　　　　など
　　ウ　他者との関わり
　　・自分がきめたことを客観的に評価するための関わりを設定する
　　・自分のきめたことを「多様性」のなかで深める　　　　など

　「きめる」学びの様相①から④において，それぞれに，「教師の発問」「場の設定」「他者との関わり」という視点での教師のはたらきかけが必要である。上記のものは，あくまでもそのなかの一例にすぎないが，このようなはたらきかけの視点が，各教科・領域での授業モデルの構築に役立つはずである。

(6) 子どもの変化，教師の変化

　これまでの「『きめる』学び」の研究による授業改善を通して，どのような子どもの「知的たくましさ」を引き出すことができたか。さらに，その姿はどのような教師の関わりやはたらきかけによって生まれたのか。それぞれ，その様相となる「子どもの『きめる』学びの変化」と「教師の『きめる』学びの変化」について示し，考察を加えることにする。

① 子どもの「きめる」学びの変化
〈「問い」を変遷させる子ども〉
　多くの子どもたちはさまざまな「きめる」「きめ直す」場面において，問いを変遷

させながら学びを深めていった。

　例えば，佐々木が理科の授業実践として紹介している「電気の通り道（3年生）」の事例がある（p.65参照）。この授業のなかで，「どうなる？」「どうする？」「どうして？」という3つの問いが子どもたち自身から生まれ，変遷させていった。そのときの子どもたちの学びの姿は主体的であり，対話（他者，自分，教材との）が必然的に生まれ，その過程は深い学びと言えるであろう。

　問いを変遷させる「きめる」「きめ直す」授業の場づくりは，子どもたちの知的好奇心を高めたことは間違いない。単なる事物・現象を確認することに留まらず，「どうして？」と，その背景に潜む科学的理論にまで踏み込むような意味理解志向の姿が多くの子どもたちに見られるようになったことからもわかる。

　このような「子どもの変化」は，理科授業に限ったことではなく，多くの教科・領域で見られる子どもの様相である。体育科においても，さまざまな動きや運動を「どうすればできるか？」という方法の問いをもって挑戦を続け，その結果「どうなる？」という結果を求める。そして，できるようになった事実が得られると，「どうして？」と，できるようになったことの理由へと問いが変遷していくことが見られるようになった。

〈視点を他者に変換させる子ども〉

　活発に話し合っている授業であっても，子どもたちが他者の考えと自分の考えを常に比較しながら思考しているとは限らない。自分にとって都合のよい考えだけを取捨選択していることもある。

　道徳，社会科のような子どもそれぞれの価値判断（解釈）が求められる授業では，自分の主張ばかりするのではなく，自分とは違う考えに対して「どうしてそう考えるのか？」と，他者に視点を変換して考えようとする姿が多く見られるようになった。つまり，他者の考えに対する意味理解志向である。

　最終的に「なぜ？」（思考・表現）の問いを子ども自らが引き出すことができたならば，「どうなる？」（知識・理解）「どうする」（技能）の問いは独立して存在している「問い」ではなく，互いに有機的に関係づけ・意味づけされた「深い理解」になっているにちがいない。

② 教師の「きめる」学びの変化

〈教材研究の変化〉

　「きめる（きめ直す）」場づくりを教師が意識したとき，どのような経験や知識・技能を活用させるか，自分事となる問題意識をどのように高めるか，他者（友達や教師）とどのような関わりやはたらきかけをするか，そして，自分の学びの過程をどのように実感させるかが，教材研究の重要な視点となる。その一つの方法が，布石とな

る「仕込み授業」をどのように設定するかである。
　ここで言う「仕込み」とは，"教え込む"という意味ではない。伏線となる知識や技能を習得できる学びの場を，他単元，他教科を含めた系統的な文脈の中で，教師が意図的に設定するという意味である。日本酒が酒樽の中で発酵するがごとく，子どもたちは「仕込み授業」で獲得した知識・技能を活用し，自分の考えを「きめる①〜④」の中で「きめる」「きめ直す」ことで活用させたい。
　そう考えると，子どもの知的にたくましい姿を引き出す価値ある「きめる」「きめ直す」場づくりのためには，単元の中での問題解決過程に留まることなく，他単元や他領域，さらには，他教科との連携・系統性を考えざるを得ない。
　このような，単元，領域，他教科を越えた鳥瞰的・俯瞰的な視点での教材研究は，「きめる」学びにおける「教師の変化」であった。

〈子どもへの関わりやはたらきかけの変化〉

　各教科・領域において「きめる」学びを成立させるためのさまざまな方法・手段については，第2章に詳しく示してある。しかし，加えて強調しておきたいことがある。
　「知的にたくましい子どもの様相」を引き出すことのできる前提となる"目に見えない"条件があるということである。
　例えば，少数派の意見でも自分の考えを言うといった子どもの事実は，それ自体が「知的たくましさ」を示している。と同時に，その少数派の意見を価値ある検討対象として受け入れようとする他者の「知的たくましさ」とが補完し合って成立しているとも言える。そのような価値観を学級の中に創り上げるためのエネルギーは，授業の中で積み上げられてきたものである。
　また，教師が授業前に「きめる」こと，授業の中で「きめる」ことが，子どもの発想や活動を左右する。
　音楽の鑑賞指導にしても，鑑賞の視点を教師があらかじめ振っておけば，子どもは授業のねらいから逸脱することなくスムーズに授業は流れるだろう。しかし，それでは「きめる」「きめ直す」子どもの学びは成立しにくくなり，「知的たくましさ」の様相も引き出すことがむずかしくなる。時には，鑑賞の視点を子どもたちが自由に発想する授業で，子どもの「知的たくましさ」を引き出すことが必要である。理科の実験にしても，あらかじめきめられた実験方法で行わざるを得ないこともあるが，問題解決のための知識・技能をもっているのであれば，時には「やりながら」実験の方法を考えることも，子どもの「知的たくましさ」を引き出すことにつながるに違いない。
　そこで求められるのは，子どもの自由な活動の中から価値ある活動を抽出し，瞬時に組み立てていく授業力である。子どもへの関わりやはたらきかけ，教師の役割に対する覚悟が生まれたことが，「きめる」学びにおける「教師の変化」である。

❸ 「深い学び」との関連

　新学習指導要領では，「何を学ぶのか」とともに，子どもが「どのように学ぶのか」という学びの過程にも重点が置かれている。具体的には望ましい学び方として「主体的・対話的で深い学び」と提唱されている。

　「主体的・対話的な学び」というのは，これまでの経験値から我々現場でも授業のイメージが湧いてくる。しかし，「深い学び」についてはそのイメージがなかなか湧いてこない。

　本校がいまめざしている「知的にたくましい子ども」は，当然主体的に学びに向かう子どもである。そして，他と関わりながら何度もきめながら解を求めていく。その結果として「たくましさ」が身についてくる。この過程こそが「深い学び」と同義と言えないだろうか。

　いま，国が「深い学び」を指向しようとしている。しかし，そのイメージや方策は明確に示されているとは言い難い。本校の研究では，「知的たくましさ」（≒深い学び）に向かう手立てとして，「『きめる』学び」を提唱していることになる。期せずして本研究は，新学習指導要領のめざす方向と軌を一にしているのかもしれない。

〔参考資料〕
1) 三谷宏治『お手伝い至上主義でいこう！』プレジデント社，2011
2) 児美川孝一郎「多様な『働き方』『稼ぎ方』がある時代の『学力』」，『教職研修』2016年1月号，教育開発研究所
3) 石井英真『今求められる学力と学びとは』日本標準，2015
4) 中谷素之「動機づけと授業」，高垣マユミ編著『授業デザインの最前線Ⅱ』第3章，北大路書房，1998
5) 速水敏彦『自己形成の心理』金子書房，1998

〔引用・参考文献〕
筑波大学附属小学校研究紀要第72集（2016）〜第75集（2019）

第2章

各教科・領域における「きめる」学びの考え方と授業事例

1 国語科の「きめる」学び
2 社会科の「きめる」学び
3 算数科の「きめる」学び
4 理科の「きめる」学び
5 音楽科の「きめる」学び
6 図画工作科の「きめる」学び
7 家庭科の「きめる」学び
8 体育科の「きめる」学び
9 道徳科の「きめる」学び
10 総合活動の「きめる」学び
11 英語活動の「きめる」学び
12 ICTで支える「きめる」学び

国語科の「きめる」学び
目のつけどころをもって読む子どもを育てる

国語科研究部　青木伸生

❶ 国語科における「きめる」学びの考え方

(1) 国語科における「知的にたくましい子ども」とは
① めざす子どもの姿

> 　教科書を開き，たくさんの文字を見ただけで拒絶反応を示す子どもがいる。読もうとしない子どもの姿である。また，文章を読んだときに，簡単に自分の解釈をつくり，本当にそれでいいのか，文章中のどこにその根拠があるか，などという吟味をしないまま，読むこと考えることをやめる子どもの姿もある。読むことに対して貪欲さを見せない子どもである。こうした子どもたちの学びを変えたい。「『きめる』学び」の研究はここから始まっている。

　本研究においては，これまでの研究の成果をもとに，「読むこと」に焦点化して，「きめる」学びの授業を構想し，読むことにおける知的にたくましい子どもを育てることとした。

② 知的にたくましい子ども

　「読むこと」において，知的にたくましいと考えられる子どもは，授業のなかで次のような様相を見せる子どもではないかと考えた。このような姿を，教師が授業のなかで見つけ，価値づけていくことが大切である。これらの姿をもとに，子どもが文章をどのように読むかは，学びのプロセスとして，特性があるだろうという仮説を立てた。そのうえで，学びの特性を明らかにしつつ，それを活かしながら知的にたくましい子どもを育てていくための「きめる」学びを構想した。

〈低学年〉
・気に入った文章をくり返し読んでいる。
・次はこんなことが書いてあるだろうと，先を予想しながら読んでいる。
　（くり返しの物語・くり返しの説明文・起承転結の結末　など）

- 前後の場面を比較しながら読み、共通点や相違点に気づいている。
  (「はじめはこうだったのに、最後はこうなった」)
- 「へえ」「えーっ」「わー」など、反応しながら読み進めている。
  (新しいことを知ることの楽しさを体で表現しながら)
- 言葉の響きやリズムを感じながら読んでいる。
  (手拍子を打ちながら、動作しながら)

〈中学年〉
- 読む学習の経験を活かして、きめるための観点を整理してもている。
  (人物についてきめる、場面・段落のつながりについてきめる、まとめや事例についてきめる　など)
- 自分のきめた経験をもとに、新しい文章できめる観点（何をきめるか）をきめている。
- 読み取ったことについて、ノートに工夫して書いている。場面の展開や段落のつながりを自分できめたレイアウトで表現している。
  (線を引く、絵を描く、色分けする　など)
- 文章の全体像を考えながら、きめる。（筆者の言いたいことはこうだから……）
- 叙述をもとに、人物像をきめたり、きめ直したりできる。（発言・ノート）
- きめたことのよさを実感できる。
  (これをきめたから、こういうことがわかった。ここに気づいた　など)

〈高学年〉
- 読んだ文章全体を見渡して、抽象化、一般化した言葉で表現する。
- 読んだことに対して、自分で批評する言葉をきめて表現している。
  (作品全体に対して、筆者に対して……)
- 他者の読みを受け止めたうえで、自分のきめたことを表現している。
  (○○さんの言いたいことは、こういうことだと思うんだけど、わたしは……)
- 一つの叙述に対して複数の可能性を探りながらきめている。
  (こうとも考えられるし、また別のようにも考えられる)
- 自分らしい読み方・きめ方を知ったうえできめている。

(2) 子どもの学びの特性を授業に活かす

　子どもの学びの特性は、学習材（学びの対象）に対して、他者（クラスの他の子ども）に対して、自分自身に対して、という大きく３つの観点でとらえることができる。

　学習材に対しては、内容に大きく興味を示す傾向の子どもや、書きぶりにこだわる子どもなど、こだわりの観点は一人一人異なる。個々の子どもが文章を読むときに、どのようなこだわりをもつかを、教師が見ていくことが大切である。

　他者との関わり方にも特性は現れる。すぐに仲間を頼りにしようとする子ども、思

考のプロセスのなかで，できるだけ自力解決しようとする傾向の子ども，など。

自分自身に関する特性としては，さまざまな場面であきらめが早いとか，逆に粘り強いとか，あるいは，自分に対する評価があまい，厳しい，など。

こうした学びの特性をふまえて，授業のなかで，いつ，何に，どのようにこだわりをもたせながら進めるかをデザインするのが教師の授業構想力になろう。

教師が，どのような仕掛け・発問・指示をすれば，子どものこだわりが教師のねらいの方に向いていくかが，「きめる」学びにおける授業プロセスの研究になる。

(3) 「きめる」学びで育つ力

「読むこと」においては，次のような力が育つと考えている。

	資質的な要素	能力的な要素
低学年	直感・直観，新しいことを知る喜び・発見の楽しさ，同化する（なりきる），やりたいことをやる（率先的行動），比べる，類推，言語感覚，くり返す楽しさ，リズム感，直線的思考（すぐに「わかった」）	識字・新しい語句，語彙の獲得 自己表現力，想像力・まねをする（模倣力），競い合う力，類比（共通），対比，くり返し，適否・正誤・美醜，時間的な順序・事柄の順序，直接的根拠
中学年	知的好奇心，「考える」を楽しむ 因果関係，遊び心 役割の認識，レジリエンス チャレンジ，メタ認知	想像力，論理的思考力，複線的根拠，俯瞰する，立場の設定（反対・賛成），つながりの理解（因果・起承転結・頭括・尾括・双括），仮定・想定力
高学年	抽象思考，因果関係 段取り メタ認知	抽象化・概念化・一般化，多面的根拠，見通す力・構想する力・仮説‐検証能力，多様な試行錯誤，経験を組み合わせる

(4) 授業モデルの構築

国語科では，「読むこと」の授業モデル構築をめざして日々の実践を積み重ねたが，気をつけるべきは，「授業モデルありき」ではないということだ。モデルは，日々の「きめる」授業を整理し，類型化したものである。授業をモデルに合わせるような実践をすすめるつもりはない。また，各教科・領域によって，授業モデルは異なるものが提案されることが自然であると考える。それぞれの教科・領域にはそれぞれの特性がある。それを活かしてこその授業モデルである。

① 授業モデルのスパン

国語科では，「読むこと」の領域における「きめる」学びのスパンを次のように考えた。

---

① 単元間レベルでの「きめる」学び
② 単元内レベルでの「きめる」学び
③ 授業内レベルでの「きめる」学び

② 単元間レベルでの「きめる」学び

これは，前の学年で学んで身につけた力が，いまの学年の「きめる」学びに有効に発揮されるような子どもの様相を指す。または，同じ学年内においても，１学期に学んで身につけた力（本校では，この力を資質的な要素と能力的な要素と呼んでいる）を，２学期や３学期の「きめる」学びの場面で発揮するような様相を想定している。こうした系統的な指導を通して，子どもの「知的たくましさ」を育てていく。

③ 単元内レベルでの「きめる」学び

子どもは，単元の初期の「きめる」学びで物語作品と出合い，自分の「主題」（作品が自分に強く訴えかけてきたもの）を書き留める。初期の段階はまだ，子どものなかでの初発の感想の段階である。しかし，教師のはたらきかけによって，単なる初発の感想としてではなく，初めてその作品に出合ったときにきめた，自分の精一杯の読みをもつことになる。

その後，作品を詳しく読むことで，出来事の流れをとらえ，作品の設定とその変容を読むことができるようになる。作品を詳しく読むと，自分が初期の段階できめた「主題」をきめ直したいと考えるようになっていく。さらに，同じ作品を読んでいるクラスの他の子どもの考えを聞くことを通しても，きめ直しの必要感をもつようになっていく。そして，最終的に，より確かな読みに基づく「主題」が「きまっていく」のである。

④ 授業内レベルでの「きめる」学び

これは，１時間の授業のなかで，「きめる」学びを展開するような子どもの様相が見られる学びの例である。

例えば，『走れ』（東京書籍四上）の作品を読んだとき，教師から，「中心人物はだれかな」という問いが出された。子どもは，「中心人物は，作品のなかで最も大きく変わる人物である」という定義をもっているので，その定義に当てはまる人物を探す。はじめに子どもがきめたのは，「のぶよ」という女の子だった。しかし，「変わったのはこの人物だけかな」という，新たな教師の働きかけにより，他の登場人物に目が向き，「けんじも変わっている」ということに気づいて，「きめ直し」を迫られる。二人の人物の変容を比べることで，中心人物がきまっていく。変容した二人の登場人物は，次のような観点で比較検討した。

・その人物を語る語り手の位置や視点
・作品全体を通した登場人物の描き方
・物語の始まり方と終わり方

子どもは，こうした観点で試行錯誤しながら人物を比べて読んだ。そして，「物語のなかで変容している人物は一人とは限らない」「複数の登場人物の関係が変容する

作品もある」「複数の人物が変容しているときには，その描かれ方を比較すると中心人物がきまっていく」といった，新たな読み方を身につけていく。

❷ 国語科における「きめる」学びの授業モデル

(1) 低学年【2年生・説明文の授業事例】
　　―年間の単元をつなぐ単元間レベルの「きめる」学び―
① 子どもの様相と教師のかかわり
◆2学期単元　「『生き物の一生』調べ」

　時系列でさけの成長を述べた『さけが大きくなるまで』（教育出版二下）を，教科書と資料写真を別にして与えた。さっそく子どもたちは，教科書と写真とを対応させ始める。このとき，山から海へと流れ込む川の絵地図も配布し，写真を適切な場所に貼るように指示した。【場の設定の工夫】

　文章と写真とを対応させながら，「これも時の順序で説明している」「でも『どうぶつ園のじゅうい』（光村図書二上）とは時が違う。今回は季節だ」などと既習の説明文と比較する。

　最後に，予想通り，類似した小さいさけの写真が2枚残った。そこで一方の写真を取り上げ，「この写真について質問があれば答えます。ただし段落の番号を尋ねるのはなしです」と投げかけた。「何がわかれば，段落が決定するのだろう」としばし考えていた。その後「いつの季節の写真ですか」「さけの大きさはどのくらいですか」「泳いでいるのはどこですか」などの質問が出された。〔複数正答型〕の発問であったのだが，子ども一人では一つ，二つの答えしか考えつかない。仲間と交流するなかで「なるほどこれもあるな」と考えを増やしていく「きめ直す」姿が見られた。そうして，「さけがどのように大きくなるか，時，場所，大きさの3つ（の要素）で説明されている」ことを理解した。

　最後に，「まだわからないこと，もっと知りたいこと」を考えさせた。すると，「海で生活する間の成長について知りたい」「たまごを産んださけがどうなるのかわからない」などの意見が出された。これらの疑問を表出させることは，知りたい情報の有無を判別する力や，そこには書かれていないが書くべき情報を吟味する力を育む。〔クリティカルなものの見方・考え方〕を耕す手立てであり，3学期の学習への布石となる。

◆3学期単元　「『おにごっこ』を楽しもう」

　『おにごっこ』（光村図書二下）では，問いに対する答えを読み取る過程で，叙述に従っておにごっこをさせた。【場の設定の工夫】

すると、「確かに筆者の言う通りだ」という点と、必ずしも筆者の言う「だれもが楽しいと思えるようなおにごっこ」とはならない問題点も見つかる。とはいえ、「教科書に書かれていることは正しい」と、なかなか問題点を認識できない子どもにとっては、実際に遊んだことや友達との交流によって「きめ直す」ことを迫られる。2学期に耕しておいた〔クリティカルなものの見方・考え方〕も助けとなった。こうして、問題点に対し、遊び方の改善案を書く活動へとつなげた。

改善案を書くにあたっては、第5段落が参考となることにも気づき、説明の仕方を読み取った。「書かれている内容を読む」から「説明の仕方を読む」へと、読む目的も変化する。改善案を書くための3つのステップ（①どんな問題が生じるか、②解決法・遊び方の提案、③だれにとってどんなよいことがあるか）を見つけ出し、次のような文章を書いた。

> ① しかし、このあそび方だと、にげる人はにげやすくなるけれど、おにのまんなかの人は人数がふえるにつれて、どんどん手が、ひきちぎれそうになってしまいます。
> ② そこで、「おにが4人になったら、2つのグループにわかれるときめるのです。
> ③ そうすると、まんなかのおにの人も楽しく、おもしろくあそぶことができます。

② **子どもの変容とそこで育つ力**

2，3学期の単元のつながりだけを取り上げて述べたが、1年間というスパンで説明文を読む学習をとらえると、〔問いに対する答えを見つける〕といった【読み方】だけでなく、〔既習事項との関連づけ〕や〔既読教材との比較〕、〔クリティカルなものの見方・考え方〕といった【思考力】や【汎用的な力】を身につける学習が構想できる。思考認識は、教授するだけでは身につかない。その際にポイントとなるのは、仲間と交流することで「きめ直す」行為である。

(2) 中学年【4年生・説明文の授業事例】
　　―1時間の授業のなかで教師の言葉で「きめる」―

① **子どもの様相と教師のかかわり**

『アップとルーズで伝える』（光村図書四下）には、次のような叙述がある。

> 6 このように、アップとルーズには、それぞれ伝えられることと伝えられないことがあります。それで、テレビでは、ふつう、何台ものカメラを用意していろいろなうつし方をし、目的におうじてアップとルーズを切りかえながら放送をしています。
> 7 写真にも、アップでとったものとルーズでとったものがあります。（以下略）

> 8　テレビでも新聞でも，受け手が知りたいことは何か，送り手が伝えたいことは何かを考えて，アップでとるかルーズでとるかを決めたり，とったものを選んだりしているのです。

　この文章を読んで，次のような発問をした。
T：一番大事な段落はどれ？
　子どもの反応は第6段落と第8段落に意見が分かれる。第3段落を選ぶ子どももいた。
T：どうして第6段落が選ばれるのかな？
C：「このように」って書いてあるから。
　　（部分的な根拠による「きめる」）
C：第3段落の問いの答えがまとめて書かれているから。
　　（つながりや関係のなかで根拠をもつ「きめる」）
T：第3段落は，問いの段落なんだね？
　第3段落が選ばれる理由の確認。話し合いのなかで，第3段落の役割が見えてくる。
T：第8段落はどうして選ばれるのかな？
C：第6段落がテレビについてのまとめで，第7段落が新聞についての段落で，第8段落に「テレビでも新聞でも」と書かれているから，全体のまとめになっている。
　　（全体のフレームのなかで根拠をもつ「きめる」）
C：題名が「アップとルーズで伝える」だから，第8段落には，目的に応じて選んでいるのですというように，伝える話がまとめられているから一番大事。
　　（題名・キーワードとの関係で根拠をもつ「きめる」）
T：そうか，題名は「アップとルーズで伝える」なんだね。伝える側の話なんだ。第8段落には，伝える話は書かれているかな？
C：新聞でもテレビでも，送り手の伝えたいことは何かを考えてアップにするか，ルーズにするかを選んでいると書いてある。
T：テレビの話はどの段落からどの段落まで？
C：第1段落から第6段落まで。
C：第1段落と第5段落がルーズで，第2段落と第4段落がアップの話。
C：第3段落が問いと定義。

② 子どもの変容とそこで育つ力
　一つのことを「きめる」活動を通して，その根拠を出し合うなかで文章の理解が深まっていく授業である。話し合いを通して，段落の「きめ直し」が行われ，その根拠が叙述に即して明確に指摘されていった。

ここでは，まず文章全体を読み，いままでの経験を活かすなど，ある程度直感的に「一番大事な段落」をきめる。すると，子どもの「きめた」段落にズレが生じた。そこで，教師が「なぜその段落を選ぶ人がいるのか」と言葉をかけることで，子どもは視点を変えて，他者が選んだ段落について吟味しながら読むようになる。そして，選ばれる根拠を考える。根拠が多面的になり，重層化していく過程で，子どもの「きめる」が自分事になっていく。

　ここでは，「俯瞰する力」や「段落の役割をとらえる力」などが能力的な要素として育まれる。また，こうした学習活動を通して，自分の考えを軌道修正しながらくり返し読むような，「くじけない力」「試行錯誤する力」が資質的な要素として育っていく。

(3) 高学年【6年生・物語の授業事例】
　　　―単元内レベルでの「きめる」学び―

① 子どもの様相と教師のかかわり

　学習材は，6年生の『川とノリオ』（教育出版六上）という，戦争を舞台にした文学作品である。

　この作品には優れた表現の工夫をたくさん見つけることができるのだが，表現の工夫を見つけただけでは，作品を深く読んだことにはならない。6年生では，作品のなかから変容（変わっていくもの）を読み取り，そこから作品の主題をとらえて自分の言葉で表現できることが大切である。

　そこで，作品の特徴をとらえつつ，表現の工夫から作品の主題をとらえる読みの授業を，色彩語を「きめる」ということを柱に展開しようと考えた。

ア　自分の経験などをもとに「きめる」

　作品を通読した後，まず子どもたちに投げかけたのは，次の言葉である。

この作品には，何色の色彩語（色の表現）が使われているだろう？

　この作品を読むうえで重要な手がかりの一つが，「色彩語」である。なぜなら，中心人物が一番大きく変容する山場の場面（クライマックス場面）で，ノリオ（中心人物）が川に投げ捨てるものが，「川の底から拾った青いガラスのびんのかけら」だからだ。ノリオがこのかけらを投げる少し前の場面には，次のような叙述がある。

　「川の底から拾ったびんのかけらを，じっと目の上に当てていると，ノリオの世界はうす青かった」

　戦争で両親を失うことになったノリオにとって，ノリオをとりまく世界は，うす青いものだった。このうす青い色に，未来への輝きはない。そのびんのかけらを，ノリオは川にぽんと投げ捨てる。ノリオの変容を暗示している重要な叙述である。この叙

述に気づかせていくために,「きめる」が必要であると考えた。

さきの問いかけに対して,子どもたちは丁寧に文章全体を読み返し,8色が使われていることを確認した(なまり色,銀色,金色,青,白,赤,黒,緑)。その後,次のように尋ねた。

> この8色の色彩語のうち,この作品で一番重要な色彩語は,何色だろう?

この教師の問いかけによって,子どもはもう一度作品を読み直す。そして,自分なりに重要であると考えた色をきめ,なぜその色にきめたのか,理由をノートにメモした。結果は次の通りである。

なまり色:6名,銀色:14名,金色:0名,青:5名,
白:5名,赤:4名,黒:4名,緑:0名

一番多くの子どもがきめた色は銀色であった。その理由は,「作品のなかにたくさん出てくる色だから」「重要な場面に出てくる色だから」「題名につながるから」といったもので,それぞれに説得力はある。一方の青については,「明るくなったり,暗くなったりするように描かれている」「ノリオの悲しみを表している」「戦争の悲惨さと,

希望の両方がこの色に描かれているように感じたから」といった理由があげられた。これが,今後作品を深く読むときの大きなヒントとなった。

イ 自分事として「きめ直す」

子どもは,それまでに積み上げてきた物語の読みの学習を通して,色彩語には意味があることはわかっている。例えば,『ごんぎつね』(4年生)の最後の場面に「青いけむりが,まだ,つつから細く出ていました」という描写があったこと,『大造じいさんとガン』(光村図書五下)のなかに,「東の空が真っ赤に燃えて,朝が来ました」という一文があったことなどを想起し,それぞれに重要な意味を読むことができたという経験をもつからだ。その経験のうえに立って,「この作品を詳しく読んでいくと,重要な色彩語がきまってくるはずだ」という見通しを立てることができた。

きめるための材料が集まってくる(ここでは,物語の理解が深まる)と,解き方や答え(作品のなかでの重要な色彩語)が絞られてくる。

アで,教師の問いかけに基づいて「きめた」自分の考えを,「きめ直し」たくなってくる。子ど

第2章 各教科・領域における「きめる」学びの考え方と授業事例 ● 国語科

もは，「クライマックスがここだから，クライマックスに描かれている色彩語が重要なのではないか」と考えるようになり，アできめた色彩語を，きめ直した。

ウ　自分のこだわりをもって「きめる」

　物語の学習の終わりに，作品の主題をみんなで考えた。手がかりは，中心人物であるノリオの変容と，題名にある川の意味を考えることだ。

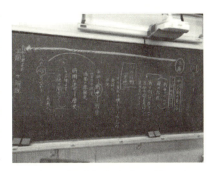

　ノリオは，戦争の悲惨さを実感しながらも，これから自分の命を大切に生きていこうと，前を向いている。一方で，人間の暮らしを見守るように川は流れ続ける。時の流れを描きながら，未来へと向かう人の命のつながりも表しているのではないか，という子どもたちの読みがつくられていった。

　こうした作品の主題を，一人一人の子どもが自分の言葉で整理してまとめたうえで，あらためて子どもたちは一番重要な色彩語を「きめた」。

　クラスのみんなで作品を読み深めていったが，その解釈は個々の子どものものだ。子どもは，自分のこだわりをもって，最終的に一番重要な色彩語を「きめた」。その結果は次のようになった。

　青：32名，なまり色：1名，白：4名，赤：1名，他の色：0名

　アで一番多かった銀色が一人もいなくなったことは特徴的だが，作品のクライマックスに描かれているのが「青いがらすのかけら」だとはっきりしても，色彩語は青だけにはならなかった。

　子どもの言葉によると，「白は，戦争で失った父と，他の子どもの手を引く女性の白い日がさの対比を象徴する色だから」という解釈で，最終的に白にきめた子どももいた。このような考えには，クラスの他の子どもの意見とも比較しながらも，自分のこだわりに基づいて「きめる」子どもの学びの姿を見ることができた。

エ　自分が「きめた」学びを実感する

　物語のなかに使われている色彩語のなかで，一番重要なものを「きめる」学習をした後に，子どもは次のように記した。

　　『川とノリオ』は，戦争の悲しみを描いている物語でした。しかし，中心人物のノリオは，親を失っても自分で生きていこうと決心し，悲しみに負けないように生き方を変えようとしていました。
　　クライマックスでノリオが川に投げた「青いガラスのかけら」の青には，意味があることがわかりました。だから，わたしは，はじめにきめた銀から青に変え

35

> ました。
> 　青という色彩語には，スカッと晴れた心地よい青もあるし，どんよりと曇った，薄暗い青もあります。青は，プラスとマイナスの両方のイメージをもつ色だと思いました。
> 　クライマックスの学習をして，『川とノリオ』の主題をまとめた後でも，青にしなかった人もいました。理由を聞くと，それはそれで納得できるものでした。みんなこだわりをもって色彩語を選んでいるので，いいなと思いました。

　自分がはじめにきめた色と，解釈を深めてからきめた色が変わった（きめ直した）ことについて，自分のなかで納得していることがわかる。自分の「きめ直し」を学びのなかで実感しているのだ。

　さらに，クラス全員が同じ色に揃わなかったことについて，それぞれの子どもには「こだわり」があってよいのだということも実感している。6年生として，知的にたくましく育っている姿の一つである。

② 子どもの変容とそこで育つ力

　子どもは，いままでの学習を通して，「色彩語」の存在やその効果について断片的な知識をもっていた。本単元を通して，「色彩語」という表現技法が，作品のクライマックスや，主題にもつながり，それぞれの「目のつけどころ」をばらばらに読むのではなく，複線的に絡み合わせるという読み方を学んだ。子どもは，文章の叙述を多面的に読むことで，作品理解が深まることを実感した。

❸ 目のつけどころをもたせる「きめる」学び

　「『きめる』学び」の授業で，教師の何が変わったのか。それは，「学びの系統」を意識した単元の構想という視点をもつようになったことである。

　「読むこと」において，子どもたちが何かを「きめる」ときには，まずは直感的・感覚的である場合が多い。自分の生活経験などをもとに「きめる」のだ。その段階で，既習事項を活かして「きめる」ことはなかなかできないのが現状である。文章が変わると，子どもは自分の知を転化できないのだ。だから，『ごんぎつね』は『ごんぎつね』，『大造じいさんとがん』は『大造じいさんとがん』というように，それぞれの作品が学びのうえで，点でしか存在しなくなる。

　教師が，読む学習に「目のつけどころ」をもたせることを意識して学びを組織すると，点と点がつながり，線となる。教師自身に，「この文章を読む学習は，次のこの文章の学習につながるな」という意識で単元を構想することが大切になる。

読むことにおいて,「きめる」ことのできる子どもは,「きめる」ための目のつけどころをもてている子どもであると言える。1年生の学習で,「登場人物とは何か」を学ぶことで,その後の学習で,「登場人物は○人だ」と人数を「きめる」ことができる。

 説明文で大事なところはどこかを「きめる」ためには,例えば「接続詞に目をつけると,大事なところが見つかる」という,学習経験の積み重ねが必要である。

 授業モデルを構想するときに,国語部が仮設的に構想している「系統指導表」を参考にしている。例えば,「人物」の系列であれば,次のような系統の流れになっている。

 1年生:登場人物の様子や気持ちを読む→2年生:登場人物の気持ちの変化を読む→3年生:人物像をとらえる→4年生:中心人物の心情と行動を関連させる→5年生:人物相互の関係の変化をとらえる→6年生:人物の役割や登場する意味を考える
 (参考文献:『筑波発　読みの系統指導で読む力を育てる』東洋館出版社,2016)

 山村暮鳥の詩『風景　純銀もざいく』の授業を終えて,次のようにふり返りを書いた子どもがいる。

> ぼくは,この詩を読んで,まず「一面の銀世界」など,銀は雪だと思い,雪をかくす,つまり「春のおとずれ」だと思った。だが,この授業が終盤になるにつれて,「純銀もざいく」の意味がわかった。それは,話者の心をかくす「もざいく」だったのだ。純銀は月のことを表し,話者の心をかくすものだった。最初に読んだとき,第3連の意味や「やめるはひるのつき」の意味がわからなかったが,よくわかるようになった。

 教師から,「○○をきめよう」という投げかけがなくても,子どもたちは自分で「目のつけどころ」をきめて,読みを深めていった。そして,題名にある「風景」,「純銀」や「もざいく」などと,詩の内容を関連させて,自分の解釈を創り出した。

 その過程では,教師の関わりや,仲間同士の関わりも欠かせない。仲間の発言を受けて,子どもは,自分の解釈を「きめ直し」たくなるし,「きめる」ための「目のつけどころ」も「きめ直し」を迫られる。「きめる」学びが,固定的でない,むしろ柔軟な思考をうながすきっかけになることがわかる事例となった。そして,そうした一連の学びの足跡が,子ども自身にふり返りを通して自覚されることが大切である。

いちめんのなのはな
いちめんのなのはな
いちめんのなのはな
いちめんのなのはな
いちめんのなのはな
いちめんのなのはな
いちめんのなのはな
やめるはひるのつき。

山村暮鳥『風景　純銀もざいく』より第3連

社会科の「きめる」学び
「よりよい社会」の形成に向け，問い続ける子どもを育む社会科授業

社会科研究部　由井薗　健

❶ 社会科における「きめる」学びの考え方

(1) 社会科における「知的にたくましい子ども」

　東日本大震災からの復興が進むなか，原子力発電をめぐるエネルギー問題，領土問題をはじめとした近隣国との関係，低迷を続ける経済・雇用問題や外国人労働者の問題，少子高齢化の問題，そして地球規模に広がる環境問題など，現在の社会は，重大な問題に揺れ動かされている。

　さらに，格差そのものを肯定するような風潮も強まり，利己的・排他的で，安易に白黒をつける単純思考の台頭や，政治的無関心が著しくなっていることも指摘されている。

　このような社会を子どもたちは生き抜いていくのである。

　また，平成28(2016)年6月17日から選挙権年齢を18歳に引き下げる改正公職選挙法が成立し，適用された。これを受けて，高等学校はもとより，小学校から主権者としての教育を積み重ねていく必要性が高まってきた。

　さらに，新学習指導要領でも，18歳選挙権を視野に，「社会的事象の特色や相互の関連，意味を多角的に考えたり，社会に見られる課題を把握して，その解決に向けて社会への関わり方を選択・判断したりする力」を社会科において養う思考力・判断力として位置づけている。

　社会科が発足して72年が経とうとしている。

　戦後，問題解決学習によって獲得した確かな社会認識をもとに，主体的に「よりよい社会」を形成していく子どもをめざした社会科は，「一人前の選挙民（主権者）」を育てる教科とも言われてきた（柳田國男・和歌森太郎『社会科教育法』実業之日本社，1953）。しかし，私たちは，社会科を通してどのような子どもを育ててきたのだろうか。

　全国の先生方が社会科の授業を実施するうえで困難に感じていることをアンケート調査した結果，次のような子どもの姿が浮かび上がってきた。

> ・社会的事象に対して問題を見出せない。
> ・問題について自分から進んで調べない。
> ・問題について「自分ならでは」の考えをもてない。
>   または安易に結論づけてしまう。
> ・話し合いを通して「自分ならでは」の考えを広げたり深めたりできない。

　このような子どもの姿を鑑み，社会科研究部では，社会科における「知的にたくましい子ども」を以下のように設定した。

> 　社会的事象と自分とを関係づけながら，主体的に問題を追究し，社会認識を深めることを通して，「よりよい社会」の形成に向け，ねばり強く問い続けていこうとする子ども

　「よりよい社会」とは，地域間の公平，世代間の公平，男女間の平等，貧困撲滅，環境の保全と回復などが多面的に考慮される「公正」で「平和」な社会である。それは，現代の世代のニーズを満たしながら，将来の世代のニーズも満たそうとする社会である。

　主体的な問題追究による確かな社会認識をもとに，「自分も幸せ，みんなも（将来も）幸せ，だれもが幸せな社会」をつくるために，安易に白黒つけず，「どうすればよいのか」ねばり強く問い続けていく。このような「知的にたくましい子ども」を育む社会科の授業が，いまほど求められているときはない。しかも，このような授業は，社会科の究極の目標である「公民的な資質・能力」の育成とも合致するのである。

　そして，このような「知的にたくましい子ども」を育むために，社会科研究部は，「きめる」ということに焦点を当てた授業づくりが有効ではないかと考えたのである。

(2) 社会科における「きめる」学びの様相

　日々の社会科授業にも，子どもたちが「きめる」場面はたくさん存在する。これまでも「調べ学習」や「価値判断」など，子どもたちによる自己決定を核に位置づけた授業は数多く実践されてきた。ただ，「知的たくましさ」を育む授業となると，その様相はいかなるものであればよいのだろうか。

　「主体的」「ねばり強く」という「たくましさ」と，「社会認識を深める」ことを通して，みんなが幸せになるために「どうすればよいのか」問い続けていこうとする「知的」な資質・能力を兼ね備えた子どもを育むために，社会科における「きめる」学びの様相を次のように設定した。

> ① 社会的事象に内在する問題を，追究すべき「自分（たち）の問題」として
>   「きめる」
>   （学習問題成立の場面）
> ② 学習問題に対する「自分ならでは」の考えをこだわりをもって「きめる」
>   （「きめ直す」）
>   （選択・判断する場面）

　子どもたちが「何としてもこの問題を追究していきたい」と強く思うとき，つまり，社会的事象と自分との関係づけのなかで，問題が「自分のもの」になるときに，子どもたちは，自発的に学習問題を「自分（たち）の問題」として「きめる」。この追究すべき問題を「自分（たち）の問題」として「きめる」という活動を設けることで，社会科における「知的にたくましい子ども」を育むことができるのではないだろうか。

　また，このように成立した学級全員で追究すべき「自分たちの問題」について，こだわりをもって「自分ならでは」の考えを「きめる」とき，そこには必ず「きめ直し」がある。なぜなら，問題が「自分のもの」になったとき，自分の力で生み出した「自分ならでは」の考えをよりよいものにしようと吟味したくなるからである。このような「自分ならでは」の考えをねばり強く問い続けるという活動を大切にしていくことも，「知的にたくましい子ども」の育成につながるのではないかと考えたのである。

(3) 「きめる」学びを生み出す授業の手立て

① 社会的事象に内在する問題を，追究すべき「自分（たち）の問題」として「きめる」ための手立て

●「事実とのインパクトのある出会い」を「演出」する

　子どもたちが，社会的事象をじっくりと見つめ，そこに内在する問題を見抜き，追究すべき「自分（たち）の問題」として「きめる」ことで，学習問題が成立する。

　そのためには，社会的事象を「人のいる風景」として，

〈A〉具体的に見る

〈B〉関係的に見る

〈C〉視点を変えて見る

などの時間を保障することが大切である。

　ただ，学習問題は，社会的事象（具体的な事実）と出会った子どもたちの単なる思いつきや疑問ではなく，あくまでも単元目標へ導く問いでなければならない。

　そこで，子どもたち一人一人が同じ方向性の問いを，「自分たちの問題」として「きめる」ことができるよう，

〈A〉「えっ？　そんなに？」（数量に対する驚きを呼び起こす事実）
〈B〉「ひどい！」（怒りなどの心情に訴える事実）
〈C〉「おかしいよ！」（これまでの経験をくつがえす事実）
〈D〉「私はこっちの立場なんだけど……」（価値の対立を引き起こす事実）

　などという声が子どもたちからわき出るような「事実とのインパクトのある出会い」を「演出」（教材提示や発問の工夫）することも大切である。

② 学習問題に対する「自分ならでは」の考えをこだわりをもって「きめる」（「きめ直す」）ための手立て

●確かな「よりどころ」をもたせる

　子どもたちが「自分ならでは」の考えを「きめる」ときには，必ず根拠がある。この「きめる」ための根拠を社会科研究部では，「よりどころ」と呼んでいる。「自分ならでは」の考えを「きめる」ための根拠には，Ａ「価値」（情意）とＢ「情報」（知識）とが混在している。Ｂ「情報」（知識）だけでなく，その子のＡ「価値」（情意）も大切にしていきたいという願いから，あえて「よりどころ」と呼ぶことにしたのである。研究を進めていくうちに，子どもたちが「自分ならでは」の考えを「きめる」とき，Ａ「価値」（情意）とＢ「情報」（知識）の両者が相互に行き来することによって，その子自身の

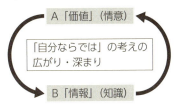

確かな「よりどころ」となり，追究が深まっていくことや，情意と知識が結びつくことにより，「本質的な知識力」が育まれていくことが明らかになってきた。

　「自分ならでは」の考えを「きめる」場面では，学習問題について調べた事実をもとに，ありのままの考えや実感をノートにどんどん書かせていくという指導を行う。どの子の考えも大切に受けとめ，「Ａ男はネットで調べるのが得意だね」「Ｂ子は資料から証拠を見つけ出す名人だ」「Ｃ子は当時の人々のことを自分のことのように心配している」「Ｄ男の当時の人々への想像力はすごいね」「これはＥ男しか書けないことだよ」などと称賛していくのである。すると，周りの子どもたちもそれをまねて，よりよい見方や考え方を身につけ，「自分ならでは」の考えを「よりどころ」をもって「きめ」，その考えを綴っていけるようになる。

　ただ，Ａ「価値」（情意）の記述だけでも，その子のかけがえのない「自分ならでは」の考えとして受けとめていくことも大切である。社会科が比較的苦手な子でも，「えっ？　そんなに？」「ひどい！」などと素直に自分の気持ちを表現することはむずかしくないからである。たとえＢ「情報」（知識）が多少抜け落ちていたとしても，その後の「一人調べ」や「話し合い」で，新たなＢ「情報」（知識）や他者のＡ「価値」（情意）を受けとめることによって，互いに補完し合えばよいと考えている。

つまり，A「価値」（情意）に偏ってしまった場合には，B「情報」（知識）によってさらに見方は広がっていき，逆にB「情報」（知識）に偏ってしまった場合には，「生身の人間は実際にどう考え，行動しているのか……」とA「価値」（情意）によって抽象的な一般論から自分たちの生活をもとにした具体的な理解へと進んでいくということである。

　このような確かな「よりどころ」を一人一人にもたせることで，「自分ならでは」の考えをよりよいものに吟味し（「きめ直し」）ていくのである。

●「名札マグネット」で子どもたち同士の自己評価・相互評価を促す

　「話し合い」を深めるための手立てである「名札マグネット」も，子どもたちの「きめ直し」をとらえる評価を行うための有効なツールになることも明らかになってきた。教師の「指導のための評価になる」（マグネットの位置によって子どもたち一人一人の考えを知ることができ，指名や資料提示などに活用する）のはもちろんだが，子どもたちによる自己評価や相互評価にも大変有効である。

　子どもたち一人一人は，学習問題に対して「自分ならでは」の考えを「きめ」，マグネットを置く。ところが，学習が進むにつれて，新たなB「情報」（知識）に出会ったり，他者のA「価値」（情意）に触れたりすることを通して，自分の考えが広がったり深まったりしていく。その結果，マグネットを動かすこともある。「自分ならでは」の考えの「きめ直し」である。

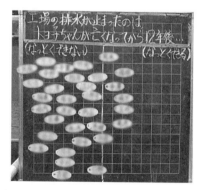

　このように考えの「きめ直し」の変化がマグネットの位置で表現されていくので「自分の考えがどう変わったのか」「見方が広がったのか」「考えは変わらなかったのか」「考えは深まったのか」など，自己評価できるのである。

　また，話し合いの途中であっても，マグネットはいつでも動かしてよいので，「どの発言や考え，どのようなB『情報』（知識）やA『価値』（情意）がきっかけで，だれのマグネットが動いたのか」がよくわかる。マグネットを動かしにくる子がいれば，「なぜマグネットが動いたの？」と教師が聞いてみる。すると，「F男の調べてきた事実からますます自分の考えが固まった」「G子の言うような考え方もあると思い，少し考えが変わった」「H子が言っているように，争いの勝者の目線だけでなく，負けてしまった人たちからの目線でも考えてみると，迷ってきた」など，きちんと他者の発言（もちよったB「情報」（知識）やA「価値」（情意））のよさを評価しつつ，それを「よりどころ」にマグネットを動かしていることがわかる。そのため，発言とマグネットの位置が矛盾しようものなら，すぐに質問されてし

まう。「名札マグネット」を通して，互いに評価し合っているからである。
　「ふだんもの静かなＩ子が『同じ人間に殺されるんだよ。人に殺されるくらいなら飢えで死んだ方がいい！』と，顔を真っ赤にして反論している。意見の中身もその通りかもしれないと思ったけど，いつものＩ子とは違うので驚いた」と発言してマグネットを動かした子もいた。「だれが何を発言したか」も大事だが，「だれがどのように発言したか」ということも，「一人一人のよさ」を子どもたち同士で認め合うために大切にしていきたいことである。「一人一人のよさ」を認め合う学級集団は，考えの「きめ直し」を生み出し，一人一人の学びを深めるための大切な要件であろう。

● 正解を出すことができない問題をぶつける

　「大人でも正解を出すことができない社会の問題」を考えていくことも大切である。「公正」で「平和」な「よりよい社会」の形成に対する困難さやジレンマに気づいた子どもたちは，何度も「自分ならでは」の考えを「きめ直す」。安易に，そして独善的に「きめ」ず，多面的・多角的に見たり考えたりすることを通して「自分ならでは」の考えを「きめ直し」（問い続け）ていく授業を，これからの社会科では，特に大切にしていくべきである。

❷ 社会科における「きめる」学びの授業事例

(1)「生活環境を守る人々〜水俣が語りかけるもの〜」(5年生)の授業を通して

① ねらい

　水俣病についての資料から気づいたり考えたりしたことをもとに，病状や原因，被害の実態を知り，水俣病の原因である「工場排水が止まらなかった事実」について関心をもち，「なぜ『どく』は流され続けたのか？」という「自分たちの問題」を「きめる」ことができる。

② 授業の実際（抜粋）

　「想定外」の東日本大震災や福島原発事故により，生活環境が破壊され，コミュニティーの人と人との関係も疎外になってしまった。自然と人との関係を軸とした復興や，人と人との「絆」の再生が叫ばれながらも，なかなか進展しない現状がある。だからこそ，いま，改めて「水俣」を学ぶことの意義がある。

　日本は，高度経済成長のなか，生産力や経済力が飛躍的に伸びたが，同時にその陰で四大公害病という被害も生み出した。特に水俣病は史上最大の産業公害であり，患者が公式に発見された1956年から60年以上経ったいまでも，胎児性水俣病患者を含め多くの人々を苦しめている。

　単元の第１時にあたる本実践は，水俣病患者の手の写真（Ｗ. ユージン・スミス，

しゃくらん しゃくと がっこうに いくと

かあちゃん
しょとで あそびたか。
しょとに でたかか。
かあちゃん
しゃくらは まだ しゃかんとな。
はよ しゃけば よか。
しゃくらん しゃくと
がっこうに いくと。

（一九五三年一二月発病
一九五六年三月死亡）

こんな おはなしを していた トヨ子ちゃんは、五さいで びょうきになりました。そして、さくらの はなをみることも、がっこうに いくことも できないまま、ハさいで なくなりました。トヨ子ちゃんは、「○○びょう」で ころされたのです。

トヨ子ちゃんは、とてもげんきな子どもでした。まいにち うみべで かいやびなを とって あそんでいました。

ところが、ある日 ひょっこり ころびました。それから、あるくことも おはしを もつこともできなくなりました。そして、とうとう ごはんを のみこむことも むずかしく なったのです。

のうみの ちかくの、大きな こうじょうから ながされた みずに、どくが はいって いたのです。うみには、ながされた どくが さかなや かいのからだに はいりました。その さかなやかいを たべた 人たちが、びょうで くるしむように なったのです。

「はよ がっこうに いきたか」という トヨ子ちゃんの ねがいは、かなえられませんでした。

アイリーン・M. スミス著，中尾ハジメ訳『写真集水俣』三一書房，1991)をいきなりアップで提示することから始まった。

「病気の人の手だ」「固まっていて動かなそう……」「これなら箸も握れないよ！」などの「つぶやき」が子どもたちのなかから出てきたところで，写真をルーズで提示し直す。「あっ」「患者さん！」

そこで，5歳で発病し8歳で亡くなった水俣病公式患者第1号である溝口トヨ子さんの詩と解説（上図，水俣芦北公害研究サークル『水俣病　授業実践のために　学習材・資料編（2007年改訂版）』p.44より一部加工）を黙って提示する。

子どもたち一人一人は，自分の気になるところにマーカーで線を引き，その箇所や引いた理由を語り合うことを通して，事実をじっくりと見つめていった。そして，このようなやりとりから，病気の実態や原因を知るとともに，患者の思いにも寄り添っていく。「一刻も早く工場の排水をとめてほしい！」「そうしないと，どんどん被害が広がってしまうよ」

そこで，「排水が止まったのは，トヨ子ちゃんが亡くなってからどれくらいだと思う？」と問う。

すると子どもたちは「1か月後」「いや，さすがにすぐには止められないだろうから1年後」「1年間もずっと排水が流れ続けたら大変だよ！」「トヨ子ちゃんみたいな水俣病の認定患者がどんどん増えていっちゃうよ」と次々に予想する。

子どもたちの意見が途切れたところで「排水が止まったのは……」「トヨ子ちゃんが亡くなってから12年後」と板書する。
　「ええーっ」「ひどいよ！」「おかしい！」「工場は儲けることを優先したのかもしれないけど，命の方が優先だよ！」と憤る子どもたち。
　それに対して，「でも，何か止められない事情があったのかな……」「原因がわからなかったのかな。それともわかっていても止められなかったのかな……」「東京だったらきっと止めていた。水俣は東京みたいに都会じゃなかったから……」「止めたいけど止められなかったんじゃないか……。このときは日本は高度経済成長と言われていて，他の国に追いつきたくて必死にがんばっていたのね。だから，亡くなった人が出ても，工場を止めると他の国に置いていかれてしまうので焦っていたのだと思う」というような意見も出てくる。すると，これまで黙って話し合いを聞いていたA子が仲間に向かって語る。「でも，本当にそれでいいの？　私は納得できない！」
　このようなやりとりを通して，子どもたちは「なぜ『どく』は流され続けたのか？」という「自分たちの問題」を「きめ」た。
　「ひどい！」という「怒りなどの心情に訴える事実」から，本時の学習問題が成立したのである。そして，次時以降も一人一人が排水が止まらなかった原因について調べ，水俣病患者の人たちの思いだけでなく，工場の人たちや水俣市に住む人たちの思いにも寄り添いながら，「みんなが幸せになる」ために，「どうすればよいのか」，「自分ならでは」の考えを「きめ直し」ていく姿が見られたのである。以下はB男の振り返りである。

　排水を止めなかったC社では，化学肥料やプラスチックを柔らかくするものなど，日本が豊かになるために必要なものを作っていて，水俣市を支えていた。都会ではない水俣市にC社の工場ができて，水俣市は発展した。C社のもうけは水俣市の税金になって，水俣市が豊かになる。水俣市だけでなく県や国もC社からたくさんの税金がもらえる。だから，Dさんが言っていたように排水を止めることはたくさんの人たちにお金が入ってこないので困る。そして，何よりC社で働いている人たちも困る。納得，というより，しょうがなかったのかも……。
　でも，やっぱり人の命の方が大事だと思う。12年も経ったから被害が広がって……。それに患者さんたちは，病気にさせられたのに，逆に差別されるなんておかしい……。
　戦後日本では工業が大きく発展し，生活が豊かになっていった。しかし，環境や人の命を守ることよりも経済成長を大事にした。公害病が発生しても，国が原

因を積極的につきとめなかったせいで(もしかしたらつきとめても目をつむっていたのかもしれない)，被害が広がってしまった。
　患者さんたちの生活や命，そして水俣の自然と引きかえに経済成長したが，本当にそれでよかったんだろうか。大勢の人のために少数の人が犠牲になることはしょうがないことなのかな。でも……。(下線筆者)

(2) 「米は人々にとって『救いの神』になったか？」(6年生)の授業を通して

① ねらい

「米は人々にとって『救いの神』となったか？」という学習問題について「自分ならでは」の考えを「きめ」，話し合うことを通して，米の出現は，人々の生活を豊かにするだけではなく，争いや貧富の差も生み出してしまったという矛盾について，「自分ならでは」の考えを「きめ直す」。

② 授業の実際（抜粋）

6年生「国づくりへの歩み〜米づくりが始まる〜」の授業場面である。子どもたちは前時までに，縄文時代の人々は，自然に左右されて生活していたことを学んだ。そのときの中心資料だった「縄文時代の日本の人口の変化」（鬼頭宏『図説　人口で見る日本史』PHP研究所，2007をもとに作成）を提示する。縄文前期から中期になるに従って人口は増えてくるが，中期から後期にかけて人口が減少してくる。

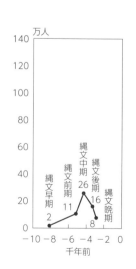

「この時代の食べ物がとるものばかりだから，人口に対して食料が不足した」。「とるものって？」と問いかける。「教科書に出ているんだけど，けもの，魚，貝類，木の実，クジラ，アザラシ，山菜……」「食べ物をとりすぎちゃったんじ

第2章 各教科・領域における「きめる」学びの考え方と授業事例 ● 社会科

ゃないか」「食べ物がとれないときもある。不安定だったのでは」という声があがった。その通りである。その結果，日本の人口は，縄文晩期に8万人にまで減少してしまった。「この後，日本の人口はどうなっていくのだろう？」と尋ねると，「縄文時代から弥生時代に変わったら増えていくと思う」「むらからくにになっていくし」「そうでなきゃ，いま，人口1億2千万人以上だもん」

「この後，弥生時代になると」と言いながら，「縄文時代の日本の人口の変化」のグラフに2000年前（弥生時代）に向けてゆっくり折れ線グラフを付け足していく。

「えー！」「こんなに増えたんだ！」「なんで？」。すかさず，「なぜ増えたの？」と問い返す。

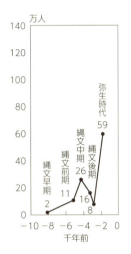

「大陸から米づくりが伝わってきたからだと思う。だって，お米は栄養があるから」「収穫したお米をたくわえることもできる。弥生時代のむらに高床式倉庫がいっぱいあった」「これなら，食べ物に困ることもなくなるね。縄文時代と比べると，食べ物の種類も増えている。時代が変わったから豊かになった」

2000年前のこの頃，大陸から米づくりが伝わってきたことに気づいた子どもたちは，人口増加と米づくりを関係づけて考え，人口増加の理由について調べ始めた。

米づくりを行うようになってから食生活が変わったこと，移住生活をしなくてもよくなったこと，そして何より食べ物の心配がなくなったことなど，米づくりのよい面が見えてきた。そのとき，E男が「食生活が安定して，日本の人口も増えた。お米は人々にとって『救いの神』だ！」と発言した。教師は「お米は人々にとって『救いの神』」と板書する。多くの子どもたちがE男の意見に同意する。

ところが，F子が「『救いの神』なんて言えるかな。お米がもとで人同士の争いが始まったことを本で見たことがある」と疑問をなげかけた。子どもたちがざわつき始める……。

そのようなやりとりのなかで，子どもたちは「米は人々にとって『救いの神』となったのか？」ということを「自分たちの問題」として「きめ」た。「私はこっちの立場なんだけど……」という「価値の対立を引き起こす事実との出会い」から，本時の学習問題が成立したのである。

そして，子どもたち一人一人がこの時点での「自分ならでは」の考えを「きめ」，小黒板上の「名札マグネット」の位置で，その考えを表現した。立場が明確になれば，子どもたちの調べる内容や見通しもはっきりしてくる。

「人口が51万人も増加したのはやはりお米のおかげ。たくわえることもできるので

47

飢え死がなくなり，生活が安定する」「獲物を追う必要が少なくなり，生活が安全で楽になった」など，それぞれ資料を提示しながら『救いの神』となった」と主張する子どもたち。

しかし，「たくわえたお米や米づくりに必要な水をめぐって争いが起こるようになった。人間の心に悪が芽生えてしまった」「飢えで死ぬことはないけど，お米が原因の争いで死ぬ人もたくさん出てしまった」と，教科書に掲載されている弥生時代のむらの絵の柵や堀（環濠集落），「小児人骨」の写真などの資料をもとに，反対意見を主張する子どもたちも出てくる。

吉野ヶ里遺跡　頭部のない人骨
（佐賀県提供）

「飢えから解放された人たちの方が，争いで死んだ人数より多いから，人口が増えたんだ！」，これに対して「でも，争いで死んだ人には『救いの神』どころではない。同じ人間に殺されるんだよ。人に殺されるくらいなら飢えで死んだ方がいい！」と，G子が顔を真っ赤にして反論する。

「いや，お米が伝わってきたから，高床式倉庫や青銅器など時代が進歩した。そして，むらからくにに発展していった！」「みんな平等ではなくなってしまった。貧しい人と裕福な人の差も生まれた」「日本のもとができた。いま，自分がここにいるのはお米のおかげだよ！」「でも，争いの歴史も始まってしまったよ……」

白熱した話し合いが進んでいったそのとき，黙って話し合いを聞いていたH男が言った。「そもそも歴史に争いはつきものだ。そして勝った方が正義になるんだ」

これに対して，救いの神に疑問を投げかけたF子が言う。「確かに，H男の言う通りかもしれないけど，でも……，争いを避ける方法はなかったのかな……」

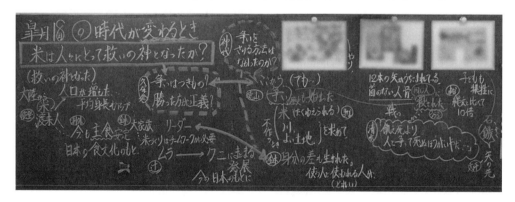

「この後，勝ったむらが大きくなって，くににまとまっていくでしょ。くにに発展してもっともっと安定して，いまの日本のもとになった。お米が大陸から伝わってこ

なかったら，むらとしてまとまる必要もなかったから……。うまく言えないけど，卑弥呼みたいに平和を求めようとした王様もいたと思う」

I子のこのような発言の後，一人一人が本時を振り返り，次時の問題（「むらからくにへと時代は進歩したのか？」）を「きめ」，見通しをもって授業を終えた。

以下，I子の話し合い前と話し合い後の感想を紹介する。

> （話し合い前）
>
> 　米は人々にとって救いの神となったのか。米は救いの神だと思う。日本の人口減を救い，飢えを救い，定住生活を可能にし，むらを発展させて，時代が進歩した。いまでもお米は日本の主食だし。それにお米に限らず，例えばパンを食べるヨーロッパでは小麦の争いが起きていたし，石油でも争いがあったという。たまたま米が争いの火種になっただけで，もっと日本に＋（プラス）をもたらしたのだから，米は私たち日本人にとって救いの神だと思う。
>
> （話し合いの後）
>
> 　救いの神だと思っていたが，ペアの1年生くらいの「小児人骨」の写真を見て，気持ちが変わった。争いとはいうものの，実際はあんな子までぎせいになってしまう。その死体を家の人が見たらどんな気持ちになるのかな……。争いはいまでも続いてしまっている。でも，米が伝わってこなかったら，いまの日本はない。それにむらとむらが争ってくににまとまっていくことで，いまの日本ができたわけで……。卑弥呼みたいな平和を求めた王様もいた。争いはしかたのないことなのかな……。でも……。（「でも」ばっかり。むずかしい！）（下線筆者）

I子に限らず，「自分ならでは」の考えが揺らいだ子，全く変わってしまった子，さらに強固になった子……。価値の対立をもとにした「話し合い」を通して，他者の価値に触れ，さまざまな情報を吟味しながら，「自分ならでは」の考えを「きめ直す」姿が，一人一人のノートの記述や「名札マグネット」の位置を動かす姿に見られた。

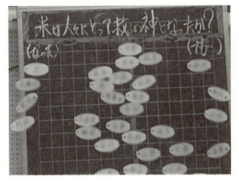

それは，よりよい社会の形成に向け，つまり，「みんなが幸せになる」ために，「どうすればよいのか」粘り強く問い続ける「知的にたくましい」姿に他ならない。

算数科の「きめる」学び
子どもがきめることで生まれる対話で算数授業をつくる

算数科研究部　中田寿幸

① 算数科で育てたい「知的にたくましい子ども」

(1) 算数科における知的にたくましくない子ども

　算数の授業を子どもと一緒につくっていくとき，「自分から動き出すことのできない子ども」の存在が気になる。「どう考えていいのか，どう動き出していいのか，その方向性や方法のはじめの一歩目をきめられない子ども」である。

　具体的に5年生の割合の問題で考えてみる。

　問題：「100円ショップで買い物をしたら，税込みで3456円でした。税抜き価格はいくらになるでしょうか」

　次のように考える子どもたちが予想される。

C：税込みで3456円ってことは，消費税が8％入っているってことだよね。8％をどうしたら税抜き価格がわかるのかな？

C：8％って，小数にすると0.08ってことだよなあ。0.08を3456にかけたらいいのかなあ，割ったらいいのかなあ。

　これらの子どもたちは割合の問題であることに気づいてはいるが，8％をどう処理していいのかわからずに一歩目を踏み出せない子どもたちである。

C：税込みって何だろう？　3456円には税が入っているの？　入っていないの？

　「税込み」「税抜き」の言葉の意味がとらえられずに動き出せない子どももいる。

C：割合は0.08で3456円は比べられる量なのか，もとにする量なのか，どっちなんだろう？

　割合の公式に当てはめて考えようとしている子どもは「きめられない子ども」というよりは，「きめきっていて考えを進められない子ども」と言える。

　上のように考えながらも，先に進めない，動き出せない，「知的にたくましい」と言えない子どもたちをどうしたら動き出せるようにできるのか。これが我々の問題となった。

(2) これまでの問題解決型の授業での問題点

　これまでの問題解決型の授業では，見通しをもたせ，自力で解決する時間を十分にとっていた。個別指導をしたり，ヒントカードを示したりして，どの子にも1つは自分の考えをもってそれを練り上げ，授業に参加させようとしていた。これには次のような問題点がある。

- 自力で解決させたいために，その前の「見通し」をもたせすぎることで，結局自分で考える必要がなくなってしまい，子どもの考える力がつかない。
- 自力で解決する時間に個別指導でヒントカードが与えられているが，そのヒントが本当にその子のためになっているのか。そもそも一人一人に個別のヒントを与えることが一人の教師によって可能なのか。
- ヒントが与えられすぎると，それぞれの子がどうにか答えを出せるようになっても結局は自分で考えることがなくなっているため，次の問題もヒントを頼ってしまい，自分からヒントになることを得ようとしない受け身の子どもになっていく。
- 全体での話し合いの前に，形式的なペア学習，グループ学習が設定されており，そのなかで，わかる子がわからない子に教えてしまい，全体での話し合いのときにはそれぞれの意見を発表するだけになってしまっている。

　これらは，結局，できる子はよりできるようになるが，できない子はできないままになり，個人間の差が広がっていく授業となってしまっている。そのため，知的にたくましくない子どもを育てることになっているという反省がある。

(3) 「きめる」学びの授業で育てたい「知的にたくましい子ども」

　「知的にたくましい子ども」とは，先ほどの問題で言えば，公式に当てはめなくても，「とりあえず3000円くらいかな？」ときめて，「3000×0.08で消費税は240円になる。これじゃあ安すぎる。だったら3100円かなあ，3100×0.08で……」と自分できめながら試行錯誤し，考えを進めていける子どもである。

　さらには，3200×1.08と考えて，3200円が答えとわかった後に，「とりあえず考えていくのではなく，一度に出す方法はないかな？」と考え直す子どもである。

　言い換えると「知的にたくましい子ども」は次のようになる。

> 　試行錯誤しながら，問題解決を進め，間違えていたらわかるところまで戻り，考えを修正し，さらに問題解決を進めていける子ども

　授業のなかで子どもたちは「知的にたくましい」姿を見せてくれた。この後，授業実践をもとに，「知的にたくましい子ども」の姿を示していく。

❷ 算数科における「きめる」学びの考え方

(1)「とりあえずきめる」ことで，徐々に先が見えてくる

　子どもが「きめる」場を設ければ，子どもは動き始め，考え始める。ただし，問題への取りかかりの場面で，最後まで見通すような「きめる」をさせると，かえって子どもは動き出せなくなってしまう。

　これまで問題解決型の授業では，自力で解決するなかで「きめる」ことをさせてきた。しかし，その「きめる」内容を子どもにゆだねすぎていたため，結果的に，かなり先を見通した「きめる」活動となっていた。そのため，どう動いていいのかわからなくなる子どもが存在した。結果的に受け身の子を育てることになっていたわけである。先ほどの割合の問題で言えば，はじめから税抜き価格を直接，1つの式で求めようとすると，どう考えていいのか，どこから考えていいのかがわからなくなってしまうのである。

　だからと言って考え直す余地もないほどの道筋を示すと，子どもはわかりきった方法で問題を解いていくようになり，考える力はついていかない。

　そこで，最後まで見通したような「きめる」ではなく，半歩先を「とりあえずきめる」ようにして，対話をしていく。すると子どもは，少しずつ先が見えてくるようになっていく。「とりあえずきめる」ことをくり返しながら，少しずつ進んでいく授業構成としていくのである。

　割合の問題では，大きくかけ離れた税抜き価格を教師から示すことで，子どもがおよその税抜き価格を「とりあえずきめて」いった。

T：税込み価格が3456円ということは，税抜き価格は1000円ぐらいかな。
C：そんな安いわけないよ。
C：もっと高いよ。
C：3000円ぐらいかなあ。

　こうして，子どもたちはそれぞれが2900円から3300円と税抜き価格の予想を「とりあえずきめた」。そして，わかりやすい税抜き3000円の税込み価格から調べていった。調べていくなかで，もとにする量×割合が比べられる量，すなわち消費税になり，そこにもとにする税抜き価格を加えれば，税込み価格になることを理解していった。

　目の前のことを「とりあえずきめる」ことで，考える対象をはっきりさせ，対話を通して対象を検討していくなかで，徐々に先が見えてくるような授業の構成となっている。子どもがわかる半歩先の「とりあえずきめる」ことをくり返すことで，どの子も理解しながら進めていくことができるのである。

具体的な授業事例は次項の（1）で示す。

(2)「きめ直す」ことを前提として「とりあえずきめて」いく

子どもが「とりあえずきめる」と間違いが生まれ，先に進めずに困る子も現れる。それは当たり前のことであり，「とりあえずきめた」考えを修正し，きめ直すことが学びと考えている。

税込み価格の出し方がよくわからなかった子が，税抜き価格を3000円，3100円，3200円と修正しながら答えを見つけていくなかで，税込み価格の仕組みに気づき，3200×1.08で税込み価格を求められることがわかる。そして，「だったら予想した値段にかけるのではなくて，逆算で税込み価格を1.08で割れば1つの式で求められるのでは」と段階的に考え方を修正していく。これが「とりあえずきめる」なのである。

友達の間違いや困っている内容にみんなで関わり，対話しながら，自分たちの考えを修正し，高めていく「きめ直し」の学びである。

具体的な授業事例は次項の（2）で示す。

(3)「きめる」ことで対話が生まれ，「きめ直し」が進む

算数科の「きめる」学びの授業は子どもが，「とりあえずきめる」ことから始まり，その後に「とりあえずきめた」ことを検討していきながら，「きめた」ことを修正し「きめ直し」ていくという仕組みになっている。

しかし，「とりあえずきめた」後の話し合いに関われない子どもがいたり，話し合いをしていると，わかっている子どもばかりが話をして，ずっと聞き役になっている子どもがいることが我々の問題となった。

先述のように，「とりあえずきめる」ことをしていると子どもの間違いや困っている内容が出てくるのは当たり前である。それらを子どもたちの話題にしていけば，全員で「それらをどう越えていったらいいのか」の話し合いができると考えた。

例えば，3200円の税込み価格を3200＋3200×0.08で求めていた子どもが，3200×1.08で求められるという話を聞いた。すると，「どうして×1.08になるのか？」「どこから1が出てくるのかわからない」という疑問の声が現れた。それに対して，「100円ショップなら1.08をかければ108円になるでしょ。だから100＋100×0.08は，100×1と100×0.08を合わせた100×1.08だよ」と例をあげて説明した。この100円ショップの例は，わかっていた気になっていた子どもにも再び考える機会となった。

間違いや困っている内容に共感し，共有していく過程で，「わかっている」と思っていた子どもたちは自らの考えを振り返ることになる。そこでは，友達が何に困っているのか，何がここでは問題なのかをクラスのみんなで話し合い，考えていく対話が生まれている。

なお，子どもの間違いや困っている内容を中心とした対話は集団解決の場面だけで

はない。授業の導入の問題を把握する場面でも表面化してくる。
具体的な授業事例は次項の(3)で示す。

❸ 算数科における「きめる」学びの授業事例

(1)「とりあえずきめる」ことで，徐々に先が見えてくる授業
■5年生：「割合」（授業者：夏坂哲志）

> 3つの店A店，B店，C店がそれぞれ次のように値引きセールを行ったとき，どの店が一番得か（安く買えるか）
> A店：全品90円引き，　B店：全品20％引き，　C店：全品15％引き

B店とC店では，もとの値段に関わらずB店の方が安くなることはわかる。
そこで，「A店とB店でどちらの店がお得だと思う？」と尋ねた。何をどのように考えて判断すればよいか，見当がつかない子たちがいる。
「ちょっと待って」とノートに書き始めた子には「何をしようと考えているの？」と尋ねる。すると，「仮の定価をきめて，計算してみようと思う」と言う。
「もとの値段を教えてほしい」という子には，「どうしてもとの値段が知りたいの？」と返す。すると，「それがわかれば計算して比べられるから」と答える。
このように動き出した子どもたちの反応を受けて，「まずは，定価がいくらの場合について考えてみるとよさそうか」を個々にきめさせてみる。
ここでは，「これならわかるよ」という場合を自分できめ，そこから次に考えを進めるための手がかりを自らの手で得ることができるようにしていくのである。授業では，まずは「定価100円の場合」のA店，B店それぞれの売値を計算した。
「定価100円の場合」の売り値
　A店→10円，B店→80円
よって，「A店の方がお得」
ところが，これに対し，「100円の場合だけを調べたのではだめ」「定価が1000円の品物の場合は，違う結果になる」と主張する子がいる。そこで，調べてみる。
「定価1000円の場合」の売り値
　A店→910円，B店→800円
よって，「B店の方がお得」
ここまでの結果からわかることは，「A店とB店のどちらか一方が得とはきめられない」「定価によって，得になる店は変わる」ということである。これは，定価を仮にきめて，明らかにA店が得になる場合(100円)と，明らかにB店が明らかになる

場合(1000円)を調べてみたからわかったことである。

　ここまでの結果からもう1つわかることがある。それは，「100円と1000円の間のどこかに，A店とB店が逆転する定価がある」ということである。

　このことから，次の課題がきまっていった。

　「『A店の方が得』と『B店の方が得』の境目は，定価が何円のときか？」

　このような新たな課題を自分たちで見いだすこと，そして，答えを求めるための方法を考える，「きめる」場面となった。

　A店とB店の境目を見つけるために，ある子は，もとの値段をいろいろと変え，その都度，A店とB店の売り値を計算し，同じになるところを探し当てた。挟み込むようにしてだんだんと範囲を狭めていったのである。計算は大変だが，何もできないでいる子よりずっとたくましい。

　別のある子は，「90円と2割が同じ金額になればよい」という関係を使えばよいことに気づき，その金額を求めるための式を考えた。

　例えば，「20％を5倍すれば100％になるから，90円を5倍すればよい」と考える子がいる。このように考えられる子は，「20％」のイメージをもつことができている。形式的な処理しかできない子よりも，割合について理解できていると言える。必要な数値を拾い出し，その関係を表してみることで，答えを導き出すことができたのである。ここでも，「わかること」と「わからないこと（わかりたいこと）」を整理し，新たな課題に向かう姿が見られる。

　最後に，自分たちがしてきたことを振り返り，よりよい解法はないか，さらに追究する課題はないか，といった視点できめ直しを行った。

　この授業では，A店とB店の境目は，定価が450円のときだということがわかった。この450円という答えを求めることで終わるのではなく，次のようなことについても，全体で検討する場をつくりたい。

　①　$90 \div 0.2 = 450$で答えが求められるのはなぜか。

　②　A店とC店を比べた場合，A店の方が得になる定価とC店の方が得になる境目は，定価が何円のときか。

　上の②について考えてみると，A店とB店を比べたときに使った「20％を5倍すれば100％になるから，90円を5倍すればよい」のような考え方では考えにくい。

　このようなことから，もう一歩踏み込んで，いつでも使える方法を考えていこうとする姿を引き出していくのである。

(2)「きめ直す」ことを前提として「とりあえずきめて」いく授業
■ 5年生:「図形の面積」の導入（授業者：大野桂）

> これから数時間に渡って,「三角形の面積」を求める学習をします。
> ただ"三角形"といわれても,いろいろな三角形があるよね。○○三角形という名前のついた三角形にどんなものがあったか,思い浮かべてみよう。（15秒）
> では,いま頭に思い浮かべた三角形から,「この形の三角形なら簡単に面積が求められる!!」と思えるものを1つ選んで,ノートに描いてみよう。

この発問で,9割の子どもが正三角形と答える。

そこで,正三角形と考えた理由を明らかにすることから始めることとした。まずは正三角形と判断した理由を聞くと,正方形から想起したことがわかったので,とりあえず,既習の求積方法を想起させ,1cm²の正方形の個数を求めていたことを確認した。

> T：どうして多くの人が正三角形の面積が求めやすいと思ったのかな？
> C：3辺の長さが等しいから。
> C：正方形が簡単だから,正三角形も簡単だと思った。
> T：正方形から想像したんだね。だとすると,どのように面積を求められそうなの？
> C：正方形の面積が1辺×1辺のように,正三角形は1辺×1辺×1辺で求められると思う。
> T：面積を求める式を思いついたんだね。ところで,正方形はなぜ1辺×1辺で面積が求まるの？
> C：例えば,1辺が2cmの正方形だったら,1cm²の正方形2つ分で2cm²で,それが2列分あるから,2cm²×2列分=4cm²。

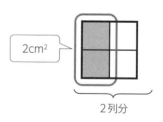

次に,正三角形についても,その求積方法が容易に用いられるのかを考えさせると,子どもたちはその不具合さを感じ取っていった。

第2章 各教科・領域における「きめる」学びの考え方と授業事例 ● 算数科

> C：やっぱりだめ。1辺が2cmの正方形に1辺が2cmの正三角形を重ねてみればわかる。
> C：正三角形には角(かど)がないからだめ。
> T：角(かど)はあるでしょ。
> C：角(かど)って直角のこと。
> C：そう，正三角形は辺が斜めだから面積の求め方がよくわからない。
> C：だから，正三角形だと，1cm²の正方形の個数を数えることができない。

正方形が4cm²なのに，それより小さい正三角形が2×2×2＝8cm²はおかしい

そうすると次に，正三角形の求積が困難である要因が，1cm²の正方形の個数が数えられないことと関連づけながら明らかになった。そして，その修正点を見いだそうとする，「本当に簡単に面積が求められる三角形は何か？」という本質の問いが生まれた。

> T：直角があって，辺が斜めじゃなくて，1cm²の正方形の個数が数えられる三角形だったら面積を簡単に求められるということだね。でも，辺が斜めじゃないって……。そんな三角形，あるかなぁ？
> C：ないけどある。
> T：面白い言い方だね。じゃあ，その「ないけどある三角形」をノートに書いてみよう。（大多数が直角三角形を，2名が二等辺三角形を描く）

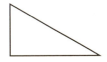

このようにして，正三角形なら簡単に面積を求められると考えていた子どもたちが，直角のある直角三角形の方が面積を求めやすいと，自分の考えを修正していくことができた。

この後，直角三角形の面積は長方形の半分であることを見いだした子どもたちは，一般三角形，そして，正三角形でさえも直角を作っていけば面積を求められることを見いだしていった。

(3) きめることで対話が生まれ，きめ直しが進む授業
■1年生：「どんな式ができるかな」（授業者：山本良和）

　授業の導入で右の図のようなお菓子を買う場面を提示し，「60円で買い物をした」と投げかけた。

　「どんな買い方をしたのだろう？」と問う間もなく，子どもたちは買い方について話し始めた。それぞれが具体的なお菓子の名前をあげて話しているなかで，Y男だけは「できないよ！」と言っている。このような姿が，買い物の場面に対して自分なりの買い物の仕方を感覚的にきめている子どもの具体である。

　ここで授業者は「できないよ」という反応が現れることを想定していなかった。「いろいろな買い方がある」「例えば○と△とか……」「どれぐらい（何通り）の買い方があるんだろう？」……のような子どもの反応を想定し，子どもにとっての問題意識を引き出すことをイメージしていた。だからこそ授業者自身が意外感を抱いたY男の考えが気になり，全体の場で取り扱うことにした。その判断は，次の2つの考えに基づく。

　1つ目は，「できないよ」ときめたY男にはY男なりの論理があるはずであり，そのことを無視して授業を展開すると，算数に向かおうとするY男の気持ちが消えてしまうことになるのではないかという危惧である。

　もう1つは，Y男の考えを他の子どもと共有することで，設定された買い物の場面に対するすべての子どもの理解が深まるであろうという期待である。

　そこで，授業者は「Y男は『できないよ』と言っているけど，どうしてできないと言っていると思う？」と問い，Y男の考えを想像させる時間を設けて話し合わせた。すると子どもたちから次の3つの意見が現れた。

・60円のものがないからできない
　　⇒Y男の反応「違うよ」
・1つだけ買うのなら（60円で買うことが）できない
　　⇒Y男の反応「違うよ」
・全部1つずつ買うと60円より多いからできない
　　⇒Y男の反応「そう」（笑顔）

　Y男は，「60円だと全部のお菓子を買うことはできない」と言っていたのである。

　子どもたちは「Y男の考えを知りたい」という共通の目的に基づいた話し合いを通してY男の考えを理解（共有）するとともに，買い物の場面に対する自分の見方を振り返り，自分の買い方ならば可能なのかどうかを検討した。そして，全部じゃな

ければ60円でお菓子を買えるということを，Y男を含めた全員が納得した。つまり，感覚的に「きめた」事実（意外感）に関する対話を通して，子どもは感覚的だった自分の考えを振り返り，その妥当性について意識するようになったのである。

さらに，60円で買う買い方が1通りとは限らないということにも目を向けることになり，「60円で買う場合には，どのような買い方があるのだろうか」という子どもたちにとっての共通の問題が成立したのである。

先述のように，教師自身が想定していない子どもの発言にも，その子どもなりの論理があるはずであり，そのことを無視して授業を展開すると，算数に向かおうとする気持ちが消えてしまうと考えられる。想定していなかったことを話題にしても，それが全体の子どもにとって有効な活動になるのかを教師自身が見極めていく必要がある。

さて，授業は次のように続いた。

60円で買える買い方を考え始めたとき，Y男が言うようにお菓子1つで60円になることはないのだから，「2つ買うのだったらどんな買い方があるのかな？」という小さな問題が設定されることになった。そして最初に，T男がポテトチップスとポテトチップスという買い方をタブレット上で操作して表現した。ところが，その買い方をノートに書き記すにはどのように表現すればよいのかという表現方法が子どもにとっての問題となった。買い物の仕方という問題を解決するうえで付随する新たな問題である。そこで，子どもたちは自分なりの方法でノートに記した後で，お互いがどのように書いたのか比較検討した。ポテトチップスの絵を描く子どももいれば，文章で書いた子どももいる。このような表現の選択も小さな「きめる」の様相である。そして，表現することをむずかしく感じていた子どもは，友達の「30＋30＝60」という式による表現に出合ったとき，簡便かつ機能的な式のよさを感じ取った。事実，それ以降は買い方を式で表現するようになった。対話によって表現の仕方も精錬されたわけである。

授業はその後，2つのお菓子を買う場面を式に表し，3つの場合，4つの場合……と発展的に考えていくことができた。

④ 算数科における「知的にたくましい子ども」の様相

実践を通して，次のような知的にたくましい子どもの様相が見えてきた。
① わからないときに，わからないと表現できる。
　・どこがわからないのか，よくわからなくても，わからなくなっていることを放っておかない。
　・友達がわからないと言っているときに，自分のわかることを使って友達を助けよ

うとする。
　　・どこがわからないのか，全体の問題としてとらえていく。
② 　とりあえずいま，自分のわかるところまで進んでみる。
　　・絵に描いてみる。図に表してみる。図形に線を入れてみる。
　　・とりあえずきめながら，わかる範囲を広げていく。
　　・友達の考えを加えることで，自分の考えを広げていく。
③ 　何から解決しようかと，解決の順番をきめる。
　　・対象を比較しながら自分の視点をきめて順番をきめている。
　　・簡単なものから考えたい。むずかしいものを考えたい。
④ 　分類整理していくための視点をきめる。
⑤ 　とえあえずきめたことを，よりよいものに修正する。
　　・とりあえずきめてみると，そのきめたことの不十分さが見えてくる。
　　・1つきめると，比較する対象ができて，新たなきめ方が見えてくる。
　　・修正しながら，戻っていってやり直すこともある。
　　・きめたことが間違い，誤答だと気づいても，どこまでは正しくて，どこで間違え
　　　たのかを考える。その道は間違いだとわかると，分岐点に戻って，別の道を進も
　　　うとする。
⑥ 　結論がきまると，その理由を考える。
　　・答えがわかってから，どうしてそうなったのかを考え直す。
　　・どうしてそうきめたのか，きめた根拠を表現する。
　　・表現しようとすると，どうしてきめたか，どう考えたかがはっきりしてくる。は
　　　っきりしてくると，修正点も見えてくる。
⑦ 　きめたことを使ってみる。
　　・きめたことを使ってみて，そのよさを味わう。
　　・きめた筆算の形式や公式などの知識をうのみにせずに，条件や場合によって方略
　　　を使い分けられる。
　　・違う場面でも同じように使えるか試してみる。同じように使えなかった場合，ど
　　　うしたら使えるようになるかを考え直す。

　これら子どもの様相は，その日の授業で「このような子どもの姿が見られたか」という授業の評価になり，このような様相を自ら見せていく子どもの姿自体が，「きめる」学びの研究自体の評価にもなっていく。

⑤ 「きめる」学びは対話を生み出し，一斉指導のなかで個を活かしながら，知的にたくましい子どもを育てていく

　教師が想定している正答を誘導する授業では「きめる」学びは成り立たない。「きめる」学びをする教師は，想定していないことを言う子どもにも興味がある。だからその子に関わってみるのである。

　「きめる」学びの授業は，子どもの間違いや困っている内容を大事にしている。正答だけで流れてはいかない。間違いを出す子がいて，困っている子が出てきてその子の考えがもとになってみんなで対話をしながら解決していこうというのが，「きめる」学びの授業なのである。その対話は子どもに向き合う教師の姿勢によって生み出されている。

　子どもが素直に表現する態度を大事にし，表現された素直な内容に関わっていくと，子どもはよりいっそう素直に表現するようになっていく。わからないことも「わからない」と表現する。そしてこのわからなさを話題とすることで，わかっていると思っている子どもたちには，わからないと言っている子をわかるようにしたいという相手意識と目的意識ができて，自ずと対話が生まれるのである。

　本校の授業は32人の子どもたちを前にして，一斉指導のスタイルをとっている。そのなかで，教師は一人一人の子どもにどうやって応じようかということを常に考えている。

　教師が黒板の前に立って，教師が進めたいように引っ張っていくのが授業ではない。なかなかきめられない子どもがいたり，困っている子どもがいたり，感覚的にきめている子どもがいたり，そういう一人一人の子どもの素直な考えをどうやって引き出し，それに関わりながら，どう全体の話題にしていくか，いかに子ども一人一人の学びに教師が働きかけるのかということにこだわってきた。

　一人一人が自分自身できめることで，子どもは主体的になっていく。しかし，なかには自分ではきめられない子がいる。このままでは，話題についていけない。ならば，その子のきめられなさをみんなの話題にしていけばよい。その話題について対話していくことで，実はわかっていた気になっていた周りの子どもたちの理解も深まっていく。このようにすることが，一斉指導のなかで個を活かしながら，知的でたくましい子どもを育てていくことになるのである。

理科の「きめる」学び
「意味理解」をうながす理科授業

理科研究部　佐々木昭弘　辻　健　志田正訓　鷲見辰美

❶ 「知的たくましさ」の必要性

　学校の花壇のチューリップの花が開いたころ，子どもたちにチューリップの絵（土の上に出ている茎・葉・花）を描いてもらう。毎年目にしてきたはずの身近なチューリップなのだが，なかなか思うように描けない。

　でき上がった子から黒板にも絵を描かせていく。すると，かなり個性的なチューリップが黒板に並び，子どもたちは絵と絵を比較し始める。

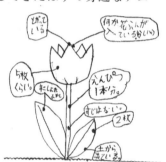

　どの絵が本物に近いか選ばせた後，その理由を発表させていく。自分の絵と友達の絵，友達と友達の絵を比較すると，「葉の形・数・ついている場所」「花びらの形・数・すじ」などの違いが明確になっていく。

　この「違い」が，そのまま観察の視点となる。視点が明確になれば，子どもたちの観察意欲は高まり「早く花壇のチューリップを見に行こうよ！」となる。これまでの授業なら，このように授業は展開した。

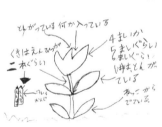

　ところが，「どれが本物に近いか，どうやって調べますか？」と子どもたちに問うと，意外な反応が子どもたちから返ってきた。

　「家の人に聞く」「お花やさんに聞く」「図鑑で調べる」「インターネットで調べる」

　だれも「見に行こう」とは言わない。どのように問題を解決するか，その「きめ方」に，知的たくましさを感じることはなかった。

　考えてみれば，私たち大人も似たような傾向にあるのかもしれない。何かわからないことがあると，すぐにインターネットで検索する。パソコンを立ち上げなくても，スマートフォンさえあれば，ピンポイントで必要な情報にたどり着く。そして，"わかったつもり"になっている。

かつては，書店に出向き，本から必要な情報を探したものである。確かに時間がかかり，インターネットと比べれば非効率的（遠回り）なのかもしれない。しかし，その過程で，さまざまな情報が目に入ってくることも多かった。目当ての本を探しているうちに違う書名が目にとまり，結局その本を購入することも少なくなかった。

"昔に帰れ"とは言わない。インターネットをはじめとした情報機器を活用した情報収集能力は，必要不可欠となる重要なスキルである。それを認めたうえで，あえて遠回りと思えるような「情報スキル」も必要に応じてフレキシブルに活用できる「知的たくましさ」が，大人も子どもも必要ではないか。

問題解決の過程で，子どもたちは何をどう「きめる」か，「きめ直す」か，その質を高めることによって，「知的たくましさ」を鍛えたい。

❷ 理科における「きめる」学びの様相

(1) 「問い」をきめる

理科授業における子どもの「問い」は，およそ3つに分類することができる。「どうなる？（事実）」「どうする？（方法）」「どうして？（理由）」である。どの発問を「課題」として教師が子どもに投げかけ，どの「問題」を子どもから引き出して授業を展開するか。その選択によって，その授業の「本時の目標」も変化してくる。

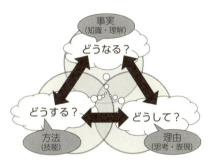

「事実」の問いがその授業の追究の中心となれば，「知識・理解」を重視した目標設定となる。例えば「コイルの巻き数を増やすと，電磁石の力はどうなるか？」という問いである。

「方法」の問いが中心となる授業であれば，実験観察の「技能」の育成が重視される。例えば「どうすれば，電磁石の力を強くすることができるか？」といった問いとなる。

「理由」の問いが中心の授業であれば，授業の過程で「思考・表現」が鍛えられる授業展開になる。例えば「コイルの巻き数を増やすと，どうして電磁石が強くなるのか？」という問いである。

問題意識が高まったとき，子どもたちは「事実・方法・理由」の3つの問いを自らの判断で変遷させる。その過程で子どもたちは問題解決に向けて主体的に取り組み，教材・他者・自分との対話が必然的に生まれる。そして，問題解決の過程は「深い学び」となる。結果として，単なる現象の確認に留まらず，その背景にある科学的知識が付加された「意味理解」がうながされることになる。子どもが「問い」をきめる・

きめ直す「きめる」学びの成立である。

「事実・方法・理由」の3つの問いを、子どもたち自身が小刻みに変遷する（「きめる」）学習過程は、一見遠回りに見える。しかし、その遠回りこそが子どもたちの「問題を見いだす力」「予想や仮説を発想する力」「解決の方法を発想する力」「妥当な考えをつくりだす力」といった資質・能力を育成することにつながっていくはずである。

(2)「きめる」学びの「授業モデル」

理科における「きめる」学びの様相を、いくつかの授業モデルにまとめた。

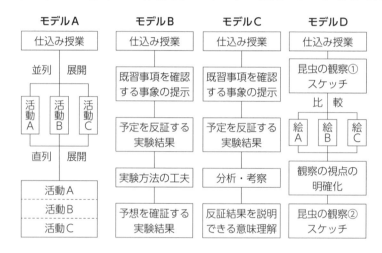

この4つのモデルは、これまでの授業実践をもとに授業の事実を整理したものであり、モデルが先にあったわけではない。事実、モデルはこの4つに留まらない。

「授業モデル」は子どもの問題解決の過程そのものである。子どもが何をきめて、何をきめ直したのか、授業を分析するための一つの方法と言える。

以下、「授業モデルC」を例に、授業における「きめる」「きめ直す」子どもの姿を見てみよう。

「仕込み授業」とは、"教え込む"ことではない。伏線となる知識や技能を習得できる学びの場を、他単元、他教科を含めた系統的な文脈のなかで、教師が意図的に設定するという意味である。「仕込み授業」で獲得した知識・技能を活用し、教師からの「どうなる？」という事実に対する自分の考えを「きめる」ことになる。〔きめる①〕

しかし、ここできめた内容は子どもによって違う。自分と他者、さらには他者同士を比較したうえで、自分の考えを吟味し、自分事として「きめる」ことになる。〔きめる②〕

実験の結果、予想に反する事象に出合ったとき子どもたちは、

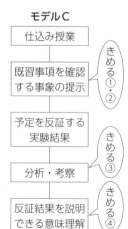

「どうなる？」という事実の問いを「どうして？」という理由の問いへと変化させる。そして，これまでに獲得した知識・技能を検索し，事象の説明に使える情報を取捨選択する。さらに，他者と関わりながら情報を組み直しながら，自分の考え方にこだわりをもって「きめ直す」ことになる。〔きめる③〕

さらに，本時の学習において学んだことを実生活のなかで経験した方法「どうする？」の問いと結びつけることで，多面的な視点から自分の「きめる」学びを実感することになる。〔きめる④〕

これらの「きめる①～④」の過程で生まれるのが，子どもの「主体的・対話的な学び」の姿であり，問題解決的な過程を保障する「深い学び」である。

③ 理科における「きめる」学びの授業事例

まず，「授業モデルC」に絞り，授業事例を示す。

■電気の通り道〔3年生〕（授業者：佐々木昭弘）

折り紙の銀紙を子どもたちに提示し，「銀紙は電気を通しますか？」と発問する。子どもたちのほとんどは，銀紙の表面がぴかぴかしている（金属光沢）ことから「電気を通す」と予想する。実際に確かめてみると，確かに電気が通って豆電球に明かりがつく。そして，銀紙の表面には電気を通す金属が貼りつけてあることを理解する。

次に，金紙を提示し，銀紙と同様に「金紙は電気を通しますか？」と発問する。すると，今度は子どもたちの予想が分かれる。まず，金紙もぴかぴかしているから金属が貼りつけてあり，電気を通すという予想である。次に，銀紙と金紙では手触りや臭いが違うことから，金紙には空き缶のように何か塗ってあるかもしれず，電気は通さないという予想である。

実際に確かめてみると，豆電球に明かりはつかないという結果が得られ，子どもたちは「電気を通さない」という結論を出す。

そこで，子どもたちを教卓の周りに集めて教師が改めて実験して確かめる。すると，豆電球には明かりがつき，金紙も「電気を通す」という，子どもたちとは違う結論が出てしまう。

ここで子どもたちの問いは，「どうして，先生だけ電気が通ったの？」と，「どうして？（理由）」の問いへと変化する。

再度実験して調べてみると，今度は次々と豆電球に明かりがつく子どもたちが登場する。豆電球に明かりがつけられない子は，「どうすれば，豆電球に明かりを

つけることができるの？」と、「どうする？（方法）の問い」へと、さらに変化する。

子どもたちに自由に情報を交換させる。すると、手に力を入れて金紙をこすると、豆電球に明かりがつくことに気づいていく。

ここで、空き缶を紙やすりで削るとなかから電気を通す金属が出てきた既習事項を、子どもたちは思い出す。紙やすりで金紙の表面を優しくこすると、中から銀色の金属が顔を出す。子どもたちは納得である。

■金属のあたたまり方〔4年生〕（授業者：佐々木昭弘）

(1) 指導計画

第1次…水のあたたまり方
第2次…空気のあたたまり方
第3次…金属のあたたまり方

通常であれば、「金属のあたたまり方」を先に指導する。しかし、ここでは水や空気の「対流」に関する知識を活用して、これまで学んだ金属のあたたまり方とは違う現象を説明できるようにすることがねらいである。つまり、現象を引き起こした要因を多面的に考え、妥当な考え方をつくりだす活動を優先させた。

(2) 授業の実際

水のあたたまり方の学習では、ビーカーに示温インクを用い、水が動きながらあたたまっていく様子を観察した。さらに、斜めにした試験管に水を入れて真ん中をあためて水の動きを確かめた。

金属のあたたまり方の学習では、まっすぐにした金属棒の端と中心をあためる、左右に同じ速さで順にあたたまっていく様子を観察した。斜めにした棒の真ん中をあためても（右図）、水平にしたときと同様に、同じ速度で上と下があたたまっていく。

次に、ろうを塗った金属板を水平にし、端や真ん中を熱したときの熱の伝わり方を調べる。金属の棒と同じように、熱したところから熱は順に伝わることが確認できる。

すると、ある子から、「だったら、金属板を斜めにしたらどうなるのかな？」というつぶやきが出てきた。水も金属棒も斜めにしたときのあたたまり方を確かめてきたからである。

金属板を斜めにして、その真ん中をあためたら、熱はどのように伝わっていくか、子どもたちの予想は、次ページの写真のように分かれた。

ほとんどの子どもたちが、金属板を水平にしたときと同じように、あたためたとこ

ろから順にあたたまっていくと考えた。この時点では,「E」と予想した子どもたちも「上の方に熱は速く伝わる」と,水や空気と同様の熱の伝わり方と考えていた。

実験してみると,子どもたちにとって意外な「E」という結果が出てくる。ここで子どもたちに,「どうして?」という問いが生じる。

ここで,ヒントを出した。

「金属が熱したところから順にあたたまっていくことは間違いありません。でも,それとは違った結果が出ました。ということは,そこに何かもう一つの原因が加わったのです」

あたためている金属板の上と下に手をかざしてみるように指示も出し,グループで話し合いの場を設定した。すると,ブレイクスルーする子が数人出てくる。後は,その子どもたちの考えを共有させればよい。

金属板の上方が速くあたたまった原因は,アルコールランプによってあたためられた空気の対流の熱である。それを説明するためには,多面的に要因を抽出し,妥当な考えをつくり出す力が要求される。

次に,理科研究部員それぞれの「授業モデル」と授業事例を示す。

■温度と体積の変化〔4年生〕(授業者:辻 健)

(1) 知ったことをもとに「きめる」,気づいたことをもとに「きめ直す」モデル

本授業モデルでは,「きめる」場面を設けることにより,「きめる」場面の前後に次のような学習が行われる。これにより「知的たくましさ」が育つと考える。

① 「きめる」ための根拠として,これまでの学習を振り返ることができる。
② 「きめる」ことで得られた結果をもとに,新たな問題解決が始まる。

次ページの図は,授業モデルを図式化したものである。授業者は授業Ⅱに「きめる」場面を設定する。この「きめる」場面で,子どもが判断を行うためには,これまでの学習内容AおよびBを振り返り,使いこなすことが必要となる。そのため「きめる」ために活用する知識・技能等の資質・能力は,授業Ⅰで学習してあることが前提となる。

また「きめる」場面で子どもがきめ,得られた実験や観察の結果は,子どもが想定した通りにはならない。授業Ⅰで学習したことをもとにはしているものの,さらに深

めた思考を行うことが必要となる。「きめる」場面で行う活動では，学習内容AとBを知っていただけでは上手くいかないようなものが望ましい。そして，授業Ⅲで行う学習内容Cは，新たな知識・技能を得るためのものではなく，これまでの学習を組み直したり，とらえ直したりするような内容である。授業Ⅲの終盤では，「きめ直す」場面を設定し，授業Ⅱでの「きめる」場面よりも成長した自分たちのことが実感できるようにする。

(2) 実際の授業から（4年生：物の温度と体積）

① 指導計画（【　】内は上記の授業モデルの言葉と対応）
　活動のきっかけ「フラスコをあたためて栓を飛ばす演示実験」
　第1次…空気のあたたまり方　　　　　　　　　　　　　　【学習内容A】
　第2次…水のあたたまり方　　　　　　　　　　　　　　　【学習内容B】
　第3次…フラスコの栓をあたためて飛ばす　　　　　　　【「きめる」場面】
　第4次…体積変化する量を温度の違いや空気と水で比較　【学習内容C】
　まとめ…フラスコの栓をあたためて飛ばす　　　　　　【「きめ直す」場面】
　※フラスコの栓を飛ばすのは水の状態変化の影響も大きいため活動後に解説する。

② 授業の実際

　空気や水はあたためることで膨張することを学習した後，丸底フラスコにスポンジの栓を入れ，お湯であたためてより遠くへ飛ばすという活動をグループ対抗で行った。

　子どもは，水と空気をどのくらいの割合で入れるかについて，個々の考えをもとに，班ごとで作戦を立てた。これまでの授業で，あたためることにより，空気も水も体積が大きくなることは理解している。しかし，空気と水の体積変化の大きさの違いや温度による体積変化の大きさの違いについては，意識していない子どもも多い。

　そこで，フラスコ内に入れる水の量などを「きめる」場面を設定し，水と空気による体積変化の大きさの比較や温度変化と体積変化との関係について考えるきっかけとなるようにした。

　子どもは，班ごとにどのくらい水を入れると栓は遠くへ飛ぶのかを考え，フラスコに入れる水の量を「きめる」。

　前時に水は，あたためることで体積が大きくなることに驚いていた子どもは，水を多く入れようとしていた。理由を聞くと「空気だけよりも水と空気の体積が同時に

スポンジの栓を飛ばそうとする子ども

大きくなるから」と答える。フラスコに空気をたくさん入れようとした班は、その理由を「空気の体積が大きくなるための場所が必要だから」と話す。

結果は、空気の量を多くした班ほど、遠くへ栓を飛ばすことができた。水を多くした班は、遠くへ飛ばすことができなかった。また、水の代わりにお湯を入れた班は、栓を飛ばすこともできなかった。

実験の結果をもとに、どうして遠くへ栓が飛ばなかったのかについて考え、再挑戦したいという要望が子どもから出された。これが「きめ直す」場面となる。

次の時間、子どもは結果を細かく分析し、空気と水の割合について話し合った。水が多いところが飛ばなかったということは、空気の方が水よりもあたたまりやすく、体積変化も大きいのではないかという予想が出された。また、お湯を入れた班が栓を飛ばせなかったということは、あたためるためのお湯とフラスコ内の温度の差が小さかったから、体積が大きくならなかったのではないかという考えが次々に出され、実験が計画された。

前ページの図の授業モデルをもとにした本実践では、子どもがこれまでの学習を活かして水の量をきめた。しかし、思うような結果は得られなかった。それでも自分たちの飛距離を分析し、再挑戦するために学習を深め、最終的にはフラスコの栓を遠くへ飛ばした。子どもの粘り強い探究、飽くなき挑戦は「知的たくましさ」が育った姿であると考える。

■温度と体積の変化〔4年生〕（授業者：志田正訓）

(1) 理科における「きめる」学びの充実とそのための授業モデル

理科の授業において、子どもたちが知的たくましさを獲得するための「きめる」学びの実現に資する授業モデルとはどのようなものなのか。この点について、理科の特性と問題解決の過程を中心に論じていきたい。

理科の特性として、観察・実験が授業のなかに位置づけられていることがあげられる。観察・実験は理科固有の学習活動であり、問題解決の過程において、見いだした問題について立てた予想や仮説を検証するための手立てと位置づけることができる。そして、観察や実験について検証し、問題について自分なりの結論を導き出すことこそが、理科における「きめる」場面の一つであり、その場面の指導の充実を図ることが、理科における「きめる」学びでは重要であると考える。では、この問題について自分なりの結論を「きめる」場面における指導の充実の具体を右の図のモデルに沿って述べていく。

理科において、結論を導き出していく際には、問題に対する自分の考えを支える証拠が必要となる。先述

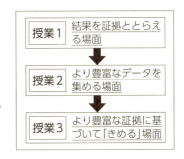

の観察・実験とは，証拠をデータという形で獲得していくための活動であるととらえることができる。つまり，「きめる」場面の指導の充実を子どもの姿に即して表すのであれば，子どもたちが，理科における問題解決には，証拠が重要であることを自覚し，自分たちが考えた結論を支えるための証拠を獲得するための観察・実験を行い，その証拠に基づいて自分なりの結論を「きめて」，それを表現することができるようになることであると言える。

(2) 理科における「きめる」学びの充実とそのための授業モデル

ここまでは，理科における「きめる」学びの充実について，その具体を子どもの姿に即してモデルを用いて述べてきた。では，上に示したモデルに沿った指導の具体を，4年生「温度と体積の変化」の実践に即して述べる。

① 指導計画
　　第1次…空気のあたたまり方　　【授業1】
　　第2次…金属のあたたまり方　　【授業2】
　　第3次…水のあたたまり方　　　【授業3】

② 授業の実際

本単元では，空の試験管に張った石けんの膜が，手であたためると，膨らんでいく事象を導入場面として取り扱った。その場面で，試験管内の空気があたためられることで，体積が変わったことが原因であると予想をし，空気の体積変化に関する実験を行い，結果を得た後で，空気はあたためられると，体積が増えるという結論について明らかにした。この後に，結論のことを指して，「この結論の証拠は？」と子どもたちに問うた。こう問うことで，これまでの「問題→予想・仮説→観察・実験→結果→まとめ（考察と結論）」という一方向だった授業展開とは逆の方向性が生まれることとなる。つまり，自分たちが導き出したまとめ（考察と結論）からさかのぼって考え，証拠となっているものが観察や実験の結果であると自覚することができたと考える。

前時が空気の温度と体積変化について追究していったのに対し，次に取り扱ったのは金属の体積変化である。これについても同様に，問題を見出し，予想をし，実験を行った。ここで，金属球を熱して，輪のなかに通る・通らないという実験を行い，結果を得るのだが，実験結果を明らかにし，まとめや考察をしていく前に，「何個のデータがあるか」というデータの量的側面に着目させた。このような問いかけを行うのは，子どもたちが，より多くの証拠（データ）を集め，自分たちの結論をより説得力のあるものに高められるようになるためである。つまり，【授業1】での，データを証拠としてとらえるという子どもの姿に，一つの証拠よりも多くの証拠がある方が説得力が増すという経験的に導き出される子どもの気づきを加えていくことで，何度も

実験をしながら、データを集め、自分の考えを支える証拠となるデータをたくさん集めようとする、粘り強く自然事象に向き合える子どもの姿をめざしたのである。

空気と金属の体積変化について取り扱った後に、水の温度による体積変化について取り扱った。【授業3】では、これまでの【授業1】と【授業2】で大切にしてきたデータを証拠としてとらえ、それを集めようとする姿を踏まえて、「きめる」場面における自分の考えを表現する場面である。【授業2】のことを踏まえ、水の温度による体積変化の実験を行う際には、実験を1度行ったら結果をとっておしまいといったように回数で区切るのではなく、実験のための時間を設定し、区切られた時間のなかで、なるべく多くの回数の実験を行い、データを集めることを重視した。このような実験に基づき、証拠を明らかにしながら水の温度変化による体積変化について自分の結論を自力で出させることで、多くの証拠に基づいた自分の結論を「きめる」場面とした。

本実践では、「きめる」学びの授業モデルとなる【授業1】〜【授業3】を単元レベルで行ってきた。この内容を1単位時間の授業レベルで行うことも考えられるが、【授業1】〜【授業3】に示される子どもの姿を1単位時間の授業レベルで行おうとすることは、子どもたちに過度な負担を強いることになる。「きめる」ことができる子どもの姿を実現するために大切なことは、授業者が常に「きめる」場面を意識し、各ステップに示されている子どもの姿を時間をかけてでも育てようと実践し続けることであろう。

■月と太陽〔6年生〕(授業者：鷲見辰美)
(1) 授業モデル

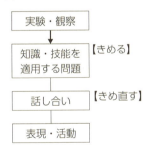

(2) 指導計画
4年生の学習…満月、上弦、下弦の月は、形は違っていても、同じように東から昇って、南を通り、西に沈むように動く。

第1次…月の形とその変化　（1週間の観察）
・同じ時間に見える月を観察してみる。
　　日によって変化する月の形を観察して、月の形がなぜ変わって見えるのかという問題意識をもてるようにする。

第2次…月の形の変化と太陽　（4時間）

・月の形が変わって見えるのはどうしてか考える。
　　光源とボールを使って，月の形が変わって見える理由を考える。月早見盤を作って考える。
・月が出ている写真から，時刻を考える。
　　学習したことを適用して，月が出ている写真を撮影した時刻を考える。
第3次…月の表面の様子　（1時間）　本時
・満月の表面の様子が，東南西の方角で，変化して見えるか考える。
　　時間ごとに見られる月の表面の模様について考える。

(3) 授業の実際

目標・月の表面の模様に着目しながら，月の動きについて理解を深め，自分なりのイメージをもつことができる。（月の動きについての概念形成）
　　　・問題意識をもって取り組み，これまでの学習や体験を活かして，解決方法を見つけ出すことができる。（解決方法の自己選択）

　まず，これまでの学習を振り返る。月の形が変わって見える仕組みや，それぞれの月が同じように東から昇って，西に沈むことなどを振り返る。ここでは，子どもたちから出た意見を板書していく。そして，東，南，西と動く月をイメージして，3枚の満月の写真を置く活動を行う【きめる】。その様子を見ながら数名を指名して，黒板に貼りだす。

　最初は，月の模様をそれほど意識していなかった子も，友達の考えを知って，再考することになる【きめ直す】。満月の写真を並べること，友達の考えと比較することを通して，次の問題意識を高めていく。

　　　月のもようは，東から西へと動くときに，どのように見えるのか？

　多くの子は，月の表面の模様は回転するように見えると予想したが，どの方角でも同じように見えると予想した子もいた。そして，解決するために，使うことができる知識や手段を各グループで考えることにゆだね，話し合いを行った【きめ直す】。

　【グループA】4年生で学習した上弦の月の動きを
　　　　　　　参考にして考える。
　【グループB】月早見盤を使い，満月の模様を描いて考える。
　【グループC】グループみんなの月の観察記録を照らし合わせて考える。

　話し合いに詰まっているグループも出てきたので，全体で話し合った。上弦の月が方角によって違う角度で見られることから，満月の模様も回転するように見える説明

が，最もわかりやすいと考える子が多かった。

それでも，半月の動きと満月の模様との関連を納得できない子もいた。そこで，前の黒板に大きく表面の模様つきの半月を描き，自分の頭を地球に見立て，自転することで，半月が見える様子をイメージさせる活動を行った【きめ直す】。

問題解決，解決方法の自己選択，話し合い，表現，動作化により豊かな概念形成をめざした。

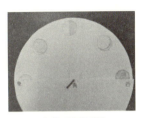
自作月早見盤

④ "認知的倹約家" からの脱却

「『きめる』学び」を研究テーマに，知的たくましさを育成すべく理科授業づくりに取り組んできた。しかし，そのなかで一つの課題が浮き彫りになってきた。

人間は，判断するための情報が不足している状況においては，本来判断するに耐え得る情報ではないにも関わらず，自分にとって都合のよい効率化した意味づけ・関係づけを行う"認知的倹約家"であるという。つまり，自分に都合のよい考えを取り上げ，自分に都合の悪い考えを排除しようとする。

理科授業では，導入部の指導において「予想」について話し合いが行われることが多い。その際，子どもたちに判断するための基本的な情報が不足している場合，その思考は空想，想像，屁理屈に走り，科学的思考とは言えない状況になりがちである。この問題の解決のためには，自分とは違う予想に視点を移し，その可能性について多面的に考えることが必要である。

私たちが実社会のなかで直面する問題には，明確な正解がないものが多い。国際問題，経済・政治問題，そして環境問題などの構造は複雑の一途をたどり，「ああすればこうなる」式の打開策では歯が立たない状況下にある。また，少年法改正，クローン技術の是非，脳死問題にしても，明確な正解はない。それぞれに示された「考え」のメリットとデメリットを見極めながら議論する過程で，自分が納得できる「考え」をもつことが要求される。

"認知的倹約家"からの脱却によって，多面的に熟考したうえで「きめる」という知的たくましさを鍛えることの可能性が見えてくるように思う。今後の課題である。

音楽科の「きめる」学び
音楽科における「知的たくましさ」と授業モデル

音楽科研究部　平野次郎　笠原壮史　髙倉弘光

❶ 音楽科における「知的たくましさ」とは

　音楽科の授業では「このように口をあけて」とか「このように声を出して」という具合に，教師からの指示が多い……そんな場面を思い浮かべる人が多い。音楽科はいわゆる技能教科なので，音楽表現に必要な技能に関わる指導も必然的に多くなる。鑑賞の授業でも，「○○の楽器の音色を聴き取りましょう」と，これもやはり教師の指示によって子どもが反応する学習スタイルだ。

　こう考えると，これまでの音楽科の授業では，教師がさまざまなことをきめる場面が多いことに気づかされる。もちろんその一方で，音楽表現を工夫するという場面では子どもが表現をきめているし，音楽づくりなどでは白紙，無の状態から音楽を立ち上げるので，子どもは常に何かをきめている。

　「きめる」学びの研究では，これまで子どもがきめてこなかった部分について，あるいはこれまでも子どもがきめていた部分について，改めて問い直しつつ授業を構築し，知的にたくましい子どもの育成をめざした。

　研究企画部は「知的にたくましい子ども」の具体的な姿を次のように示した。

> チャレンジする意欲，冒険心が旺盛で，柔軟でしなやかな発想ができ，
> 自分の力で粘り強く納得できる答えを見いだそうとする子ども

　これをもとにして，私たち音楽科研究部では，音楽科における「知的にたくましい子どもの姿」を次のようにとらえることとした。

> 1. チャレンジする意欲，冒険心が旺盛
>   →自分がもっている音楽の知識や技能の使い方や組み合わせ方などを
> 　　自ら考え，試す
> 2. 柔軟でしなやかな発想ができる

> → 自分とは異なる友達の気づきや表現の多様さを受け入れ，自分にとっての新たな知識や技能としたり，それらを使って新たな思考を働かせたりする
> 3. **自分の力で粘り強く納得できる答えを見いだそうとする**
>   → 音楽をより詳しく知ろうとしたり，よりよい表現を求め続けようとしたりするために音楽をくり返し聴いたり，何度も試したりする

ここで言う「音楽の知識や技能」とは，学習事項として扱った既習の知識や技能に限らず，子どもの生活経験，あるいは生活環境によってもたらされるものも含む。また「表現」は，「演奏」に限らず，音楽に関わる「身体表現」や「言語表現」も含んでいることを加えておく。

❷ 「知的にたくましい子ども」を育てる授業の要素とは

上に示したような子どもの姿を授業のなかで具現化しようとすれば，そこに必要な授業の要素が明確になる。音楽科における「知的にたくましい子ども」を育てる授業の要素は，大きく次の3つが考えられる。

> 1. 自分のもっている音楽の知識や技能を自由に試すことができる授業構成
> 2. 多様な気づきや表現が生まれ，それらが共有されるようにする教師の役割
> 3. くり返し聴いたり演奏したりする必然性が生まれる活動や場

これら3つ以外にも，活動の楽しさ，取り扱う楽曲など，授業を構成するうえで大切な要素はさまざまある。また，1時間の授業のなかに3つすべてを組み込むこともむずかしい。そして，領域および活動分野によっても，3つの要素のどこに重点が置かれるのかが変わってくる。しかしながら，授業のアウトラインを構成する際の大きな手がかりになることは間違いないだろう。

❸ 「きめる」学びの実践と3つの授業モデル

本研究を通して実践された授業を分析した結果，「知的にたくましい子ども」の姿を導くに足る「きめる」学びの授業は，概ね3つのタイプに分けられることを見いだした。以下に，3つの授業モデルそれぞれについて典型的な実践を紹介する。そのうえでそれぞれの授業モデルについて解説する。

■授業モデルA　自由な表現や聴き方から，焦点化へ
(1)　授業事例1「自由な聴き方から始めよう」（5年生・鑑賞）
　　　～鑑賞の視点を「きめる」～　　　　　　　　　　　　（授業者：髙倉弘光）

① 実践の概要

　●内容…鑑賞　　　　　　　指導時数…1時間
　●鑑賞教材…「クラッピング・ミュージック」（スティーブ・ライヒ作曲）

　本実践は，対象は5年生で活動分野は鑑賞である。

　鑑賞の授業では，通常あらかじめ教師が聴き取らせるべき事柄をきめて，その後に音楽を鑑賞させるという展開をすることが多い。そのとき例えば「速さがどうなるか聴きましょう」と指示する。こうすることによって，子どもは迷うことなく音楽の「何か」に焦点を当てて鑑賞し，そこで聴き取ったり感じ取ったりしたことを仲間と共有し，それが学習内容となっていくのである。

　しかし，本実践ではその逆のアプローチを試みた。前掲した展開は効率がよい反面，聴き取るべき音楽の要素などはすべて教師がきめている。「きめる」学びの研究においては，鑑賞する内容についても，やはり子どもがきめていくところに，知的たくましさを育む意味でも価値を置きたいと考えた。

〈教材曲「クラッピング・ミュージック」の魅力〉

　教材曲は「クラッピング・ミュージック」（スティーブ・ライヒ作曲）である。2人の奏者A, Bがクラッピング（拍手）だけで音楽を表現する。しかも2人とも同じリズム・パターンを同時に演奏するという単純な音楽だ。ただ，そのリズム・パターンは6回くり返されるごとに奏者AとBで半拍ずつずれていくという仕組みでできており，その際できる複雑なリズムも魅力的な作品である。

　　　　　奏者A　●●●○●●○●○●●○
　　　　　奏者B　●●●○●●○●○●●○
　　　　　　（上が始めの6小節，そのあとBだけずらす↓）
　　　　　奏者A　●●●○●●○●○●●○
　　　　　奏者B　●●○●●○●○●●○●

② 授業の実際

　「これからCDで音楽を聴きます」とだけ子どもに告げて，「クラッピング・ミュージック」の冒頭（約40秒）を聴かせた。

　同一のリズム・パターンを同時に奏でている部分，そして半拍ずらして奏でている部分である。それまで鑑賞の授業といえば，オーケストラで奏でられている作品を聴くことが常だったので，子どもは，まずはその音色に驚いた様子であった。

　「えっ？　これってタップダンス？」「いや！　手拍子の音じゃない？」「わけわか

んない？」「先生，いったい私たちに何を聴かせようっていうの？（笑）」という声が自然に上がってきた。

　教師が何も指示しなくても，子どもは自分なりの聴き方をきめているのである。この場合は「音色」に焦点を当てて聴いていた子どもが圧倒的に多かった。そこで初めて教師による舵取りを行う。「なるほど。これは何の音だろうね？」「もう一度CDをかけるので，何の音なのかな？　という聴き方で聴いてみましょう」と指示する。すると，どの子どもも「音色」にフォーカスした聴き方をすることになり，学習内容が定まっていく。はじめから「○○を聴き取りましょう」というアプローチとは似て非なる展開である。子どもに聴き方をゆだねることは，受け身の学習ではなく能動的な学習であり，私たちがめざす「知的たくましさ」の一つの大事な手法なのである。

　このようにして，2回目に聴き取ったときに，この曲が拍手だけで奏でられていることを押さえていった。

　すると，今度はまた違った疑問が湧いてくる。子どもは「先生，これって何人でやっているのかな？」「何だかリズムが複雑になってきたぞ！」など，聴き取ったこと，感じ取ったことを口々に表出していった。

〈「きめる学び」を成立させる教師の営み〉

　ここで教師の出番である。子どもに自由に鑑賞させている分，学習の焦点は定まりにくいとも言える。だからこそ，教師が授業展開のなかで的確に子どもの呟きを聴き取り，交通整理をして，次の一手を打つ必要があるのだ。

　本実践では，まずは「音色」に焦点を当て，次いで子どもの呟きを拾いながら，「奏者の人数」「リズムの変化」「リズムの重なり」「縦と横との関係」という具合に鑑賞を進めていった。そして最終的には，「クラッピング・ミュージック」の構造を子ども全員で明らかにしていくことができた。このことは，まさに「知的たくましさ」と言えるだろう。

　子どもの心のなかに目を向けると，「クラッピング・ミュージック」の構造を教師によってガイドされたのではなく，みんなで出し合ったこの曲に関する疑問をもとにして，解明していったと思っているのではないだろうか。

　子ども自らの意識で学習内容や方法を獲得していく学びの過程には意味があると思われた。

③　髙倉実践で育った「知的たくましさ」

　髙倉は，学習プロセスの冒頭場面を子どもにゆだね，子どもの様子をリサーチしながら授業を展開した。

写真1　鑑賞の学習をもとに音楽づくり

まず子どもに音楽を聴かせるにあたり，鑑賞の視点を与えず子どもの多様な気づきを許容している。そして，教師と子ども，子どもと子どもとのやり取りを通して，聴き取るべき内容がきまっていった。つまり，子どもが学習内容をきめているのである。

これは，ある意味危険な手法である。なぜなら，子どもの気づきが多様に広がり過ぎて，学習内容が曖昧になりやすいからである。したがって本実践の鍵となっているのは，やはり教師の役割であろう。髙倉は，子ども一人一人の多様な気づきから出る呟きをつぶさに拾い，瞬時に取り扱う優先順位をきめている。そうすることによって，クラス全員にとっての共通の学びが成立したのである。

このような，初めて耳にする楽曲の構造を解明しようとする子どもの姿から，「想像力」「多面的に見る力」「情報収集力」「分析力」「判断力」といった「知的たくましさ」が育ったと考えられる。

④ 授業モデル A

本実践の要素を抽出しモデル図に表すと次のようになる。

> 1. 学習プロセスの冒頭場面において，子ども一人一人が何を学習したいのかを自分なりにきめる
> 2. 教師と子ども，子どもと子どもとのやり取りを通して学習内容がきまる
> 3. 次なる問題・疑問をもって何度も聴く

活動の入り口は，子どもの自由度を高めておき，個々のきめ方を大事にする。しかし，教師のガイドによって，次第に鑑賞する視点が定まり，学習内容がきまっていく。学習の焦点が絞られていくというモデルである。このようなタイプの授業を「授業モデル A」とする。

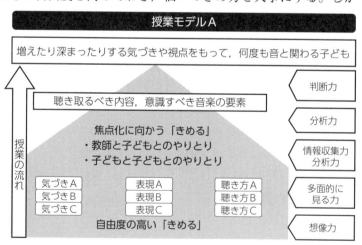

■授業モデル B　焦点化された条件から自由な表現，聴き方へ

(2) 授業事例 2「わらべうたで遊ぼう」（3 年生・歌唱）
　　〜歌い分け方を「きめる」〜　　　　　　　　　　　　（授業者：笠原壮史）

① 実践の概要

- 内容…歌唱　　　●指導時数…1時間
- 歌唱教材…「なべなべそこぬけ」

〈「限定」から「多様」へ〉

　本実践は，教師が示した4つの歌い方を組み合わせて「なべなべそこぬけ」をフレーズごとに歌い分ける活動である。5人1組のグループで4つの歌い方の組み合わせを自由にきめる。それにより，「この曲にはこの歌い方が合う」「この曲をこのように歌ったら面白くなる」といった，「楽曲の特徴と歌い方とを関係づけて理解すること」をねらった実践である。

② 授業の実際

　「かもつ列車」や「アルプス一万尺」などの音楽遊びを通して，「大きい声ではっきり歌う」「小さい声ではっきり歌う」という歌い方を経験してきている子どもに，本時では新たに「なめらかにはっきり歌う」「はずんではっきり歌う」という歌い方を伝えた。

【4つの歌い方】
- 大きくはっきり
- 小さくはっきり
- なめらかにはっきり
- はずんではっきり

　ここでの教師の役割は，子どもに4つの歌い方の違いを確実に理解させることである。そのために，「『大きくはっきり』で歌いましょう」といった直接的な指示で，一つずつ確認しながら進めた。また，学級全体で歌うだけではなく，教師のまねをさせたり列ごとに歌わせたりしながら，子どもがくり返し歌うことのできる状況をつくり出した。

　このとき子どもがきめていることは，「どの程度大きく（小さく，なめらかに，はずんで）歌えばよいか」ということである。「どの程度」の判断基準は，「言葉がはっきりとわかるかどうか」ということである。この基準があることによって，子どもは新出の「なめらか」と「はずんで」についても，自分なりの歌い方を試すことができた。くり返し歌っているなかで，子どもから次のような発言があった。

　「『なめらか』と『はずんで』のときの大きさがわかりません」

　この発言をきっかけに，「なめらかのときは小さくにきまっている」「はずんで歌うときは大きい声が普通でしょう」「いや，声の大きさは関係ない」というように，自分が感じ取っていることを呟き始めた。**既習の歌い方と新出の歌い方とを，子どもが自ら関係づけ始めた瞬間**であった。

写真2　組み合わせを検討している様子

従来であれば，ここから「では『なめらかに大きく』で歌ってみましょう」「今度は『なめらかに小さく』で……」というように進めていたところである。しかし笠原は，「知的たくましさの育成」という目的から，子どもが自由に歌い方をきめることのできる活動を設定した。

　グループ活動が始まってすぐに，子どもから「途中で歌い方を変えたい」というアイデアが出された。笠原はそれをクラス全体に広げ，さらに多様な表現を可能にした。すると，あるグループが非常に複雑な歌い方の組み合わせを考えた。だが複雑すぎて上手く通して歌えない。今度は「速さを変えてもいいですか？」と尋ねてきた。複雑な組み合わせを試しているグループは「面白い表現」を追求していると言える。一方で，一つの歌い方で通しているグループもあった。そこで「どうして一つの歌い方にしているの？」と尋ねたところ，「その方がまとまっていて，『なべなべ』に合っている」と答えた。こちらは，「曲想に合った歌い方」を追求していたのである。

　歌い方の組み合わせを自由にきめることのできる活動を設定したことで，このような「知的にたくましい子ども」の姿を見ることができたのである。

③　笠原実践で育った「知的たくましさ」

　本実践では，子どもが教師の指示に基づいて４つの歌い方を理解した後，それらを組み合わせて歌うという「自由度の高い活動」に取り組ませている。これは，笠原がもともと予定していた展開なのだが，そこに至る過程において「『なめらか』と『はずんで』のときの大きさがわかりません」と，子どもから

写真３　最後は手遊びも組み合わせている

発信されているところに価値がある。またグループ活動の際にも，「曲の途中で歌い方を変えてもよいか」「歌うときの速度を変えてもよいか」と，教師が示していない歌い方について子どもの方から発信している。

　このような子どもの姿は，音楽づくりや体を動かす活動の実践においても見られることがあった。これらの実践に共通していることは，教師が示した限定された条件下での活動が充実していたことである。すると，その後の活動において子どもの聴き方や表現がより多様になるのである。これは，「きめ直し」の視点や「多様を生む」「多様を受け入れる」という，「きめる」学びの授業づくりに取り組んだからこそ見えてきた成果と言えるだろう。

　笠原実践で見ることのできた「知的にたくましい子ども」の姿を整理する。

> 1．既習の歌い方と新出の歌い方とを関係づけて新たな歌い方の可能性に気づく

2. 自分のアイデアと友達のアイデアとを考え併せて，グループの歌い方をきめる
3. 面白い歌い方の組み合わせを考えたり，楽曲に合った歌い方を考えたりする

このような子どもの姿から，本実践では「創造力」「人と関わる力」「解をつくる力」「自己更新力」といった「知的たくましさ」が育ったと考えられる。

④ 授業モデルB

では，本実践の要素を抽出しモデル図に表してみる。

1. 学習プロセスの冒頭では，鑑賞の視点や活動の条件が教師によって限定されている
2. 限定された条件に基づいた聴き方や表現がきまっていく過程において，多様な気づきをもっている
3. 子どもが多様な気づきを活かしながら試行錯誤できる，自由度の高い活動に取り組ませる

「きめる」学びの授業モデルBは，活動の前半部分では，教師が活動の条件などを設定する。しかし，その条件があるからこそ，子ども個々，あるいは各グループの音楽表現に方向性をもたせることができる。その結

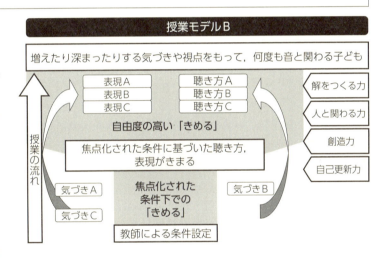

果，子どもたちの音楽表現は，自由度の高い，かつ音楽的な根拠をもった表現に高まり，広がっていくのである。

■授業モデルC　自由な表現→新たな視点・条件→自由な表現

(3) 授業事例3「名前でリズム」（4年生・音楽づくり）
　　～「直感的思考」を活かすための教師の役割～　　　（授業者：平野次郎）

① 実践の概要

〈「きめる」学びのリサーチ〉

　本実践を行う前に，子どもたちにインタビューをする機会を設けた。それは子どもが感覚的に，そして即時的にきめるときに，どのような思考が働いているのかを明ら

かにするためである。

> 質問1【即興表現をする前に考えていることは？】
> ① 新しいことをしてみたい
> ② 面白いことをしてみたい
> ③ 自分が表現する場面を思い描いて，音楽的なことを考えながら……
>
> 質問2【きめるための手がかりは？】
> ① 友達の表現を見て
> ② 前の時間の自分の表現を振り返って
> ③ 瞬間的に思いついたことを音にしている
>
> 質問3【即興表現が終わった後に，上手くいった？】
> ◎…10人　　○…8人　　△…10人

質問1の①〜③の回答はどれも知的にたくましい姿であると言える。これが我々大人であればどうであろうか。「周りに合わせて」「無難なところで」と考えることも多いだろう。質問2に目を向けると，③が即興的に表現する場では多いと予想していた。しかし，①②のように他者から「きめるための手がかり」を得ていることがわかる。

> 【質問3のなかで，△の子の理由】
> A　音の大きさを変えたかった
> B　実際に表現してみるとリズムがむずかしかった
> C　いい音色にならなかった
> D　やりたいことはできたが，もっと上手に表現できるようになりたい

質問3では△の子に注目した。ここに示したA〜Dは「きめ直すための原動力」であるととらえている。すなわち，教師から「きめ直してごらん」と指示を与えるのは簡単だが，それでは子どもに「きめ直すための原動力」は生まれにくい。したがって，即興表現が終わった後に「立ち止まって考える機会」を設けることは有効である。

> 質問4【どれくらいの時間をかけて考えているのか】
> 1秒…8人　　5秒…6人　　10秒…10人　　30秒…3人

今回のインタビューで感じたことは，即興表現をし終えた後に，自らの表現を振り返る場面を設定することの重要性である。自らの表現を振り返ることで，直感的に表現したことを自分自身で論理的に考え，他者との共感や共有を通して，新たな表現へとつなげていくことができたと考えている。

② 授業の実際
〈条件設定・ルート用意〉

【条件設定】→教師がきめる
・表現する小節…1小節
・拍子…4／4拍子　・速度…♩＝80〜90
・使う仕組み…模倣やリレー

　本実践では，上記の条件と「3つの活動ルート」を用意しておいた。条件設定は，きめる学びの授業を考えるうえでも重要な点であり，子どもの「きめる行為」にも影響を及ぼす。ここでは，子どもから多様な表現が生まれやすいように広めの条件を設定している。この条件のもと，子どもは次のような表現をしていった。

【楽譜1】

　はじめは【楽譜1】のように4分音符中心の表現が多かったが，次第に【楽譜2】のように付点のリズムや休符を使いだすようになった。細かいリズムが登場するのは授業の後半となり，自分の名前をくり返すことが細かいリズムが生まれるきっかけになったと考えられる。

【楽譜2】

〈教師の役割〉

　直感的思考を活かした授業では，子どもの多様な表現が生まれる。すなわち「多様な『きめる』」が生まれるということだ。この多様な「きめる」の鮮度を維持するために果たすべき教師の役割がある。それは，子どもの表現や思考に寄り添うことである。そして，一人一人の表現に対して声をかけていきながら，即時的な評価を行うことである。また，表現を終えたときに一度立ち止まり，「きめ直すための原動力」を起こさせることである。これらの場面では表現するのは一人

写真4　子どもの表現を即時的に評価する

だが，周りで一人一人の表現や考え，発言を聴いていることになる。ここで，教師が子どもの多様なきめるを活かす役割を果たすことで，一人一人の表現が共有化され，自分が次に表現するためのアイデアや手がかりを得るきっかけをつくることもできる。

〈予想外の表現（知的にたくましい姿の実際）〉

本実践では「音を一つずつ消していく」「体の動きを取り入れる」というような予想外の表現が見られた。

【楽譜3】の表現は，設定した条件を外れて，一人4小節の表現になっている。これも子どもの直感的思考を活かしたものである。すなわち，その場で新しいことを生み出そう，面白いことを表現しようと考えた結果なのである。

【楽譜3】

③ 平野実践で育った「知的たくましさ」

平野実践は，まさに「『きめる』学び」の研究によって生まれたモデルと言えるだろう。従来であれば，自分なりの表現がきまった段階で授業が完結していた内容である。教師が意図的に友達の表現や考えを共有する場面を設定することで，子どもは新たな音楽づくりの視点を得て，「きめ直し」に向かっていったのである。

本実践において鍵となっているのは，やはり教師の役割と言えるだろう。平野は，事前にアンケートを取り，子どもの実態把握に努めている。なかでも【質問2】と【質問3】における子どもの回答が興味深い。多くの子どもが「友達の考えからアイデアを得ている」「自分の表現に満足していない」と答えているのである。そして平野は，そのような子どもの考え方に寄り添う形で授業を構成したのである。

平野実践では，次のような「知的にたくましい子ども」の姿を見ることができた。

1. 幅のある条件のなかで，多様なリズムを自ら考え，試す
2. 多様な友達の表現や考えをもとに，音楽づくりの新たな視点を獲得する
3. 友達から得た新たな視点を取捨選択しながら，自分の表現を更新していく

このような子どもの姿から「想像力」「多面的に見る力」「判断力」「創造力」「情報収集力」「解をつくる力」「自己更新力」といった「知的たくましさ」が育ったと考えられる。

④ 授業モデル C

本実践の要素を抽出しモデル図に表すと次のようになる。

> 1. 学習プロセスの冒頭において子ども一人一人が自分なりにきめることができる
> 2. 一度活動が完結した段階で，子どもが新たな気づきや視点を得られるような場面や活動を設定する
> 3. 新たな気づきや視点を活かすことのできる自由度の高い活動に取り組ませる

授業モデル C は，活動の入り口で子ども個々の自由度の高い表現などの活動をし，その後教師の働きかけによって，新たな気づきや視点を与える。そのことにより，新たな自由度をもった子どもたち個々の表現などが行われるモデルである。

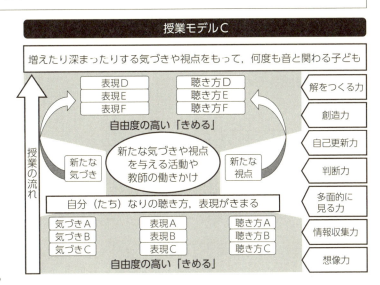

④ まとめ

以上，音楽科における「きめる」学びについてご紹介した。音楽科においては，表現や鑑賞の学習で，子どもたち一人一人が「きめ直す」ことが，知的たくましさを育てるうえで非常に大切であると言える，という結論に至った。その際，当然のことながら，教師の働きかけが授業のなかで重要な役割を果たすことも明らかとなった。

知的たくましさを育てるための「きめる」学びのモデルが 3 つ生まれたことも大きな成果となった。

授業のなかで子どもがきめることの重要性は，その子の人生を自らの意思で歩んでいくことの重要性と軌を一にしている。音楽科の学習を通して，どのようなたくましい人を育てていけばよいのか。このような視座に立って，研究を続けたい。

図画工作科の「きめる」学び
一人一人の「きめる・きめ直す」を活かす
図工授業のプロセスデザイン

図画工作科研究部　笠　雷太　北川智久　仲嶺盛之

① はじめに

　これまでも，図画工作科（以下，図工）は子ども一人一人が自分できめることについて大きく貢献してきた教科だと言える。子どもが描いたり，つくったり，見たりする造形表現および鑑賞の活動には，自分できめる場面が多かれ少なかれ必ずあるからだ。この図工のなかで子どもがきめることについて，その最も特徴的で重要なことは，答えのないものをきめること，つまり「創造的に『きめる』こと」を学びにできる点である。

　さらに，子どもがきめることから図工をとらえ直してみると重要な価値を再確認することができる。それは，自分できめたことで生じる失敗の経験が許されるというである。

　人が生きていくなかでは，自分できめたことが常にうまく行くばかりではない。そこで必要になるのが失敗を経験し，立ち止まって見つめ，創造性を発揮して修正したり再びきめ直したりしていく力である。

　形や色，イメージをもとに自らきめ，きめ直し，創造的に学びを更新していく過程。これこそが長い間，学校文化のなかで図工が担ってきた大切な役割なのだ。

② 図工における「きめる学び」の考え方

(1) 図工のめざす知的たくましさ

　図工では，めざす知的にたくましい子ども像を「仲間と響き合いながら，自分の力でたくましく創り変えていく子ども」としている。これは，仲間のきめていることへの共感や共有を大切にしながら，自分のきめていることを確かめ，さらにきめ直して創造的に造形表現および鑑賞の活動を展開していくたくましい子どもの姿を思い描いたものである。

(2) 授業における「きめる」ポイント

　図工ならではの創造的にきめることを保証しながら深い学びへとつなげ，知的にたくましい子ども像へと迫るための授業づくりのポイントを次のように設定する。

ポイントA
形や色，イメージに基づいて一人一人が自分で「きめる」ことを保証する
具体的手立ての例
子どもが思わず動き出して方向をきめたくなるような材料や場の仕掛け
ポイントB
形や色，イメージに基づいて一人一人が「きめる」ことのよさや美しさ，造形的な特徴を子ども自身が実感する
具体的手立ての例
自他の「きめたこと」を見つめる「自己内省」「多様性」「再考・吟味」の場の設定

　ポイントAは，図工の大きな特徴としての，子どもの自己決定の機会を十分に意識し，その実現を第一に授業をつくるということを表している。
　ポイントAを視点に，図工の内容をとらえてみると次のように考えられる。
　「A表現ア　造形遊びをする」内容は，子どもの自己決定を元来重視した内容である。材料や場の特徴からどのように造形活動を展開するか，その方向や主題を子ども自身がきめていく学びである。作品になることもあればならないこともあり，終わりの結果をきめることも子どもにゆだねられる。
　「A表現イ　絵や立体，工作に表す」の内容については，子ども一人一人が自分できめることを視点にすることで授業を見直すことができる。これは作品になることが前提となる内容であるが，その過程でいかに子どもがきめることを保証できるかを意識すると，その授業づくりは変わってくる。
　「B鑑賞」の内容についても同じように，子どもが創造的にきめることを意識したい。例えば美術作品について，教師が歴史的な知識を一方的に教えるのではなく，子ども一人一人の見方，つまりきめ方を大切にすることを軸にして授業を構成するのだ。
　もちろん実態に応じた設定が大切だが，できる限り一人一人が自分できめることを意識した授業づくりこそ，図工のよさを活かすことになる。
　ポイントBは，図工の活動のなかで，自分できめている形や色，イメージなどのよさや特徴をとらえ，確かめることを大切にしたものであり，そのことを「実感」という言葉で表している。この「実感」によって，その後の修正や吟味などのきめ直しをうながし，学びを深めていくことができる。
　ポイントBには二つの側面がある。

一つは，子ども自身がとらえる「実感」である。造形的な表現活動のなかでは，子どもは「つくること」と「見ること」を通して，常に「きめる」と「確かめる」をくり返している。子どもがその瞬間瞬間に自分できめ，自分で確かめ，深めていくという側面である。これはポイントAに示した創造的に自分できめることに関わる図工の学びの大きな特徴である。

　もう一つは，教師が，学習過程のなかに意図的に設定する「実感」の場である。ここまで自分がきめてきた形や色，イメージ，考え方や工夫のよさなどを確かめるための立ち止まりの場である。立ち止まることで，自分を見つめる「自己内省」，友達との違いなどを共有することによる「多様性」，そしてこれからの方向性を考え直す「再考・吟味」などをうながして学びを深めていくのである。

(3) 一人一人のきめる・きめ直すを活かす図工授業のプロセスデザイン

　我々は子ども一人一人が，創造的に自分できめ，自分で確かめ，自分できめ直しながら深めていく図工の授業の実現をめざしている。このめざす授業づくりは単なる題材のよさや魅力だけでは実現できない。その学習の過程をどのように構成し，どのように子どもに寄り添っていくのかという教師の役割が大切になる。この授業づくりの考え方を「一人一人の『きめる・きめ直す』を活かす図工授業のプロセスデザイン」と呼ぶ。

３ 子どもが自分で「きめる・きめ直す」図工授業の実際

　そのために，先述のポイントA，Bを軸にした授業づくりが大切だと考えている。「一人一人の『きめる・きめ直す』を活かす図工授業のプロセスデザイン」に基づいた具体的な実践を示す。

(1) 授業事例１

> **ポイントA**
> 形や色，イメージに基づいて一人一人が自分で「きめる」ことを保証する，を特に意識した図工授業のプロセスデザイン

■子どもが思わず動き出して学びの方向をきめたくなる仕掛け

題材名　「穴のあいちゃった紙」（５年生，表現）

題材の概要

① 絵や立体，工作を自分で「きめる」こと

　子どもが自分できめることから授業を見直したとき，いくつかの課題を見いだした。その一つが「Ａ表現イ　絵や立体，工作に表す」についての課題である。「〜な絵を

第2章 各教科・領域における「きめる」学びの考え方と授業事例 ● 図画工作科

描きましょう」「使える入れ物を作りましょう」「この条件で立体にしましょう」など,「絵か立体か工作か」という表現方法は教師がきめることが多かった。そして,作品化への意識を強くもちやすく,結果として子どもの創造的なきめることを学習過程のなかで狭めてしまったり,制限してしまったりすることがあったのだ。

子どもが思わず動き出し,絵,立体,工作を自分できめたくなる姿を引き出すことをめざして,特にポイントAを意識した授業プロセスデザインである。

② 自分で「きめる」へ向かう材料の仕掛け

ここでは,特に子どもの身体性を意識した材料の仕掛けを行うことによって,絵,立体,工作,または横断的に,子どもが表現の方向を自分できめることを誘発することをねらったものである。

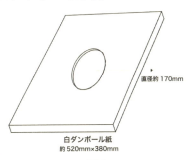
白ダンボール紙
約520mm×380mm
直径約170mm
図1

具体的には図1のような材料の設定である。約520mm×380mmの両面白ダンボール紙を用意する。この中央部分に直径約170mm〜200mmほどの穴をあけておく。この穴の大きさは,ちょうど子どもが顔を出せる,腕を通せる,頭に乗せることができるといった,身体の大きさを意識している。

③ 子どもが身体でかかわってきめはじめる

授業が始まる前にこの材料を机の上に一人一枚置いた。「え! なにこれ!」材料と出合い驚く子どもの声が広がった。身体全体で穴のあいたダンボール紙に関わっていった。各写真下には教師や子どものとらえ,言葉かけを示す。(写真1 ①〜④)

ある男の子が,穴から顔を出して周囲の友達に見せて回ると,大きな笑いが起きた。複数の女の子が,帽子のように頭に被って喜ぶ。子どもたちは体

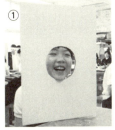
①
顔が出せるね!

②
頭に被ることができるね!

③
腕を通してどうなるかな?

④
おーい,見えるよ!

写真1

全体でこの材料の特徴をとらえているのだ。自分の人生を創造的にきめていくためには,自分が出合う対象や環境の状況に反応し,そこから可能性を見いだしていく力がとても大切である。こうした図工の学習過程の場面は,そうした力を培う大切なものと考える。

④ 自分で「きめる」表現方法と主題

　この導入場面では，子どもがきめたくなるための意欲や，何のためにきめるのかという目的意識をもてるようにすることが大切である。材料と最初の出合いの後，次のような発問をした。

T ：ねえ，今日はみんなにお願いがあるんだ。この「穴のあいちゃった紙」をみんなの図工の力で助けてあげて欲しいんだ。どうやって助けられそう？
C1：ほら，顔出せるからお面にできるよ！
T ：なるほど〜なんだか面白そうだね。
C2：頭にもかぶれるよ。
T ：紙を横に寝かせて使うんだね。

　最初の材料と身体全体でのかかわりをもとに，穴のあいた紙の特徴を活かした絵や立体，または工作という方向性をきめるためのアイデアを語ってくれた。その後，一人一人の表現活動の時間へ展開した。（写真2　①〜②）

半分に折り始めたね！

穴の「なか」に始めたね！

写真2

⑤ 自分で「きめる」に寄り添う教師の役割

　自分できめるためには時間が必要であり，また個人差がある。ここでの教師の役割としては，そうした一人一人のきめ方の特性を見極めながら対応することが大切である。A児は，はじめはなかなか方向をきめたり動き出したりすることができず戸惑っていた。迷うことは，よく考え慎重に取り組もうとする姿勢の表れである。この姿を大切にしたいと考え，ここではあえて声をかけず見守って待つことにした。そして最初の1時間目の終わりに「どんな感じ？」と声をかけた。すると「なんにもできなかったよ……」と答えが返ってきた。ここでの教師の役割として，A児が自分できめることを大切にするためには焦らせてはいけないと考え「ゆっくりじっくりは素敵なことだからこのままのペースで行こうよ」と言葉かけを行った。

⑥ 「きめる・きめ直す」をくり返して深まる

　動き始めて1時間ほどで共有場面として立ち止まりの場を設定した。これが，本授業プロセスにおけるポイントBとなる。A児は，この友達との共有場面をきっかけにして自分の方向を少しずつきめはじめた。

　はじめは，紫色を用いてイメージを描いていたが，しばらくしてそれを消して黄色を中心にしたイメージに描き変えていった。（写真3　①〜③）

　「自分できめることができたね，すごいね！」と，迷い立ち止まった経験から生ま

第2章 各教科・領域における「きめる」学びの考え方と授業事例 ● 図画工作科

共同絵具を使ってイメージを描き出した、いいぞ！

じっくり確かめて自分できめることができたね、すごいね！

写真3

れたものであることの価値を伝えたいと願い言葉をかけた。

⑦ 穴から広がった多様な「きめる」

　他の子どもも「きめる・きめ直す」ことをくり返しながら深めていく姿が見られた。本題材は、材料に穴をあけておくという簡単な仕掛けによって、絵・立体・工作という表現方法や主題から子どもが自分できめていく。同じ条件からきめていくことの多様性が生まれることこそ、図工の学びの豊かさであることを再確認できる題材である。

穴に頭を入れて乗せる

他の材料を組み合わせて帽子にしたんだね！（工作）

穴から顔を出す

技法の経験を生かしているね！（絵・工作）

穴を何かに見立てる

穴を「公園の池」に見立てたんだね！
お話が始まりそう。（立体）

穴に音を響かせる

穴に音が響くね！（工作）

写真4

（文責：笠　雷太）

(2) 授業事例2

> **ポイントB**
> 形や色、イメージに基づいて一人一人が「きめる」ことのよさや美しさ、造形的な特徴を子ども自身が実感することを意識した図工授業のプロセスデザイン

■ 自他の「きめたこと」を見つめる「自己内省」「多様性」「再考・吟味」の場による
　きめ直したくなる仕掛け

[題材名] 「あなのなかはふしぎなせかい」（1年生，絵）

　「あなのなかはふしぎなせかい」という題材を，「きめる」学びを意識した授業プロセスデザインへと変容させた例である。

[題材の概要]

　この題材は，画用紙にはさみで穴を開け，「小さな自分」が穴を通り抜けると違う世界に行けるという設定である。絵の世界の違いを考えるきっかけとしての「穴」や「小さな自分」が関心・意欲や発想の重要なきっかけになっている。日常と非日常，空想の組み合わせなど，絵のテーマとして再現性よりも想像的な創造性を意識した，発想力を培う題材設定である。

写真5　最初に，「小さな自分」をつくる

■ 知的たくましさへつながるように「形や色，イメージに基づいて，一人一人がきめていること」のよさや美しさ，造形的な特徴を子ども自身が実感できる授業づくり

　題材名を「あなのむこうのあなたのせかい⇔わたしのせかい」と変えて板書した。これは，子どもたちから「多様性」や「多面的にみる力」を引き出すために「コミュニケーション」を重視したからである。

　子どもたちの活動のなかで見られた「相互鑑賞しながら絵を思いついていく学び方」に注目して，その要素を強めた学習構成を試みた。

　私が従来行っていた授業では，「小さな自分」が，①自分の絵の表と裏を行き来する感覚を引き出すための手立てと，②完成後に友達の作品を共感的に鑑賞するための手立てとして機能したという成果は得ている。「きめる」学びにおいては，さらに次のような学習過程を組むことで，完成後ではなく授業の途中にも相互に学び合いながら学習を進められるように授業を構成した。

① 紙の中心に全員共通の円を印刷して配布し，同じ位置・同じ形の円を切り抜いた穴から発想して表の絵を描く。

② A6程度の小さなメモ用紙に，描きたい世界をいくつか言葉で書く。そのなかで一番描きたい世界に◎をつける。

③ まず表側の絵だけ描いたら，小さな自分を穴から通り抜けさせて，友達の絵にワープする。絵を背中合わせにくっつけてもよいし，離れて3人以上でワープしてもよい。

④ 友達の世界の面白さを味わい，自分の描いた絵の世界との違いや関連を考える。

⑤　自分の紙の裏面に描いてみたいことをきめて（きめ直して），裏面の絵を描く。A6のメモ用紙に，変更した考えを赤で書き加える。
⑥　完成したら友達と相互鑑賞して表と裏の違いや面白さを味わう。

このとき，③，④の相互鑑賞は，表側の絵を描き終わった子から順に始めた。まだ描いている途中の友達の絵の穴には入れないが，描きかけの絵を見れば入ったつもりになれるのが低学年のよさだ。

ここでの相互鑑賞は，完成した作品を味わうだけの鑑賞ではない。「いい絵を描きましたね」と「他人事」として味わうのではなく，「この絵の世界は私と違っていて面白い」や，「次は私もこんな面白い場面を絵に描きたい」のように，「自分事」としての鑑賞である。「多様性」のあるアイデアと出会い，自分の絵と行き来して「自己内省」をくり返しながらの鑑賞活動となる。

「あなのむこうのあなたの世界⇔わたしの世界」における，きめる図工授業プロセス

自分の絵の表と裏，友達の絵の表と裏を行き来し，自分らしい絵の完成の喜びを味わう
きめる「自分らしいゴール」

絵の表と裏を行き来しながら細部をきめる

自分が二番目に描きたかったことに，多面的な見方から学んだことも加えて描こうとする
「再考・吟味」・「自己更新力」
自分がつくり出している価値・意味を見つめ直す

裏面に描きたいものを，もともとの価値観と新しい価値観との多様性のなかで一つにきめる

友達の絵を，小さい自分を通して鑑賞する
「多様性」・「多面的にみる力」
自分と違う考えや表現との相違と出合う

友達の表現や価値観と照らしてきめる

絵に小さい自分を入り込ませながら描く
「自己内省」・「俯瞰する力」
きめたことを見つめたり，確かめたりする

自分の感覚だけできめていく

あなのむこうとこちらの世界の違いを考える
言葉で書き出し，一番描きたい世界をきめる

授業・単元の始まり

ひとしきり相互鑑賞が済めば，自分ももう一つの世界（裏面）を描きたくなる。それは，はじめに思っていたイメージを深めたり，変容させたりして「再考・吟味」を経た「きめ直し」である。

描いている途中も，友達の絵が気になって仕方がない。早く見せ合いたい。見ると刺激をもらえるし，見せてほめられるとうれしい。③，④における子どもたちの対話は，いわゆる「対話だけ鑑賞」と言われる形式的な対話ではない。自分も同じ表現の土俵に立って表現している仲間として，相互に理解を深め，得た気づきや知識を自分の学びに活かそうという生きた対話であると考える。

〈授業改善の成果〉
・裏面には何を描こうか，ということをきめる直前の②，③の段階で相互交流することは，④の段階で自分が裏面に絵を描くための「再考・吟味」や「自己更新力」を

引き出す手立てとなった。
・表の絵をていねいに描き，相互交流で意欲を高めてから裏面の絵を描くことで，両面ともにていねいに思いを表した絵になった。

相互交流した友達が何をかいているのか気になる　→　「ほら，裏は，宇宙にしたよ」

表：海の中のヒトデの穴を通り抜けると　→　裏：おとひめさまのいるりゅうぐうじょうにいけるよ

写真6

■「形や色，イメージに基づいて一人一人がきめていくこと」につきあっていくことを
教師が覚悟をきめた授業づくり

　教師の立場はどうあるべきか。学習過程③と④で友達との相互鑑賞を行い，穴をあけた紙の表に描いた絵の世界と友達の絵の世界の「違い」から，「多様性」と出合い，「裏面に描く予定の絵の構想」を再考・吟味する様子を見守った。②で一度きめた考え（裏面に描く第2の絵）を変更した理由を聞き取ったり，吟味したうえで変更しないことにきめた理由を聞き取ったりしながら個々の考えを価値づけていくことが，教師の立ち位置である。教師が描かせる絵ではなく，子どもがきめて描くという姿を引き出すということが本題材における教師の覚悟である。　　　　　　　（文責：北川智久）

(3) 授業事例3

> **ポイントB**
> 形や色，イメージに基づいて一人一人が「きめる」ことのよさや美しさ，造形的な特徴を子ども自身が実感することを特に意識した図工授業のプロセスデザイン

■「学びの実感」を促す，創造的に「きめる」鑑賞の場の仕掛け

題材名　「時間から考える」（3年生，鑑賞）

　授業プロセスデザインとして，「きめる」から「きめ直す」過程に，きめるための力を発揮する「きめる」鑑賞の場を仕組む。
　造形活動を通した変容の自覚が「学びの実感」である。子どもたちのきめる場は感

覚的である。例えば自分の表現過程を話すことはできても，自分の着想からの発展の仕方はなかなか説明できない。他者の価値づけや評価があってその承認欲求は満たされる。集団の中の相対的な立ち位置から，おぼろげな「学びの実感」につながるのだろう。きめ直すには，自分にない他者の感覚が不可欠であり，「学びの実感」は自己と他者を往還する姿にある。一方，子どもたちは下記の切実な思いや願いも抱いている。

・自分の作品について仲間の話を聞きたい，仲間に説明したい（評価されたい）
・仲間のような発想・表現は，どう考えればいいのか探りたい（なりたい自分）

仲間のアイデアが一気に伝播するように，他者のよさを感じ取る個々のセンサーは鋭敏である。一方で自分の「きめた」ことを仲間にわかってほしい願いも強い。実態から見えることは，「きめる」から「きめ直す」過程での子どもたちの「学びの実感」の獲得は，鑑賞活動を通した意図的な他者理解の場面を設定し，仲間の作品を読み取ろうとする子どもたちを見取り，評価することが有効である。

本研究においては，鑑賞する力を上記二つ（コミュニケーション力，方法を分析・吟味する力）とする。具体的な指導として，「見ること・聞くこと・考えること」に特化し表現につなぐ。一人だと見えてこなかったものやことを顕在化させる。

■「きめる」鑑賞活動の場の効果を考察する

> きめ直すための力を発揮する「きめる」鑑賞活動の場
> ①　作品がどう見えるか伝え合う場を通し，その根拠を互いに説明する鑑賞（コミュニケーション力）
> ②　仲間の考え方を踏まえ，自分がどうきめ直していくか考える鑑賞活動（方法を分析・吟味する力）

本実践は「時間」の概念から，自分なりのテーマを表現につなげる活動である。想起する概念は，例えば「過去・現在・未来」などの自分軸からくる感覚や具体的な出来事，ものの変化などがある。空間と合わせて感性や認識を構成する，哲学的な概念もあり定義や意味は広い。

題材の概要

① きめる「動き出す」場

課題提示の場（教師の「きめる」）において，まず時間の概念を言葉で想起させた。子どもたちから出てきた概念は以下。ファンタジックなイメージの一方，生活の基準であるが，実際のところ時間に受動的である毎日であることを感じていた。

> 時間，あいだ，〇分間，正確，60，24，365…，時，一瞬，ひととき，いま，過去，未来，歴史，時刻，何時何分，午前と午後，止まらない，止まる，大切だけど…

写真7 イメージが変わる

子どもたちに言葉で出させた後，活動条件を実演した（教師の「きめる」）。針のない時計を印刷した画用紙に，教師が8時の針を描き入れ，青い折り紙を貼って見せ，「朝8時，先生はどんな気持ちかな」と発問した。子どもたちは「『8時に起きたらいい天気』かな」と，教師の意図を想起した。次に，はさみで斜めに切り込みを入れて見せた（写真7）。「これが作品だとしたらどんな気持ち？ さっきと変わるかな」と返した。先ほどの爽やかさを壊すようなその瞬間，「あっ寝坊したかも！」「憂鬱で青い顔かな？」など真逆のイメージを想起した。形が変わることで意味も変わるよさを確認した。針のない時計を印刷した画用紙を中心材料とし，針を描き込んだり時計の形を変えたり，折り紙を加えたりして，具象から少しずつ抽象的なよさに移行しようと試みる子どもの姿をねらった。互いの作品の意図の読み取りから造形的な「見方・考え方」の深まりをめざし，「学びの実感」の獲得に迫った。授業条件の共有から，互いに最初の提案を模索した（きめる「自己内省」の場へ）。

② きめる「自己内省」の場

写真8（上），9（下）
仲間の声に「なるほどね」

左の作品は「朝9時過ぎの公園」（写真8）。ある朝の公園の様子からイメージしたシンプルな作品だが，それを見た仲間は青空，時計の色合いと形から，アニメのキャラクターを連想した。「あ，なるほどタイムマシンね。そっちの方が面白いな」。仲間の読みに自分の発想を越えたよさを感じている。写真9はあえて切り込みを重ね，赤い三角をちりばめた。「何かが割れたような感じがするね……」「実は3:30から剣道の練習があってこれがきついんだよ」「だからその気持ちが切り込みと赤なんだね」。やり取りから，仲間の読みと自分の考えのズレに面白さを感じ合う子どもたちの姿が見られた。抽象的な形や色でイメージさせるズレも面白い。仲間に考えさせる場をつくることを次に向かう契機とした。

③ きめる「多様性を共有する」場

■意図的に仕組む創造的鑑賞の場（教師のきめる）

収斂する場（多様性を共有する）では，ある子どもの青い紙で時計の針を隠した作品を取り上げた（写真10）。次ページに，仲間の作品からイメージをつなげたやり取りを示す。

写真10 針を青い色で隠す

教師が選んだ作品は、最初の思いつきで作った。針を隠すことで「使えない時計」と題した単純な作品であった。子どもたちは仲間の意図を探り、連想をつなぎそれ以上の意味を見出したのである。きっかけの子どもの課題提起のよさ、イメージをつなぎ深めた発言のよさ、それらを価値づけてあげることができた。「友達の作品を見てみんなで話し合ったほうが、すごい考えが浮かぶ気がする」

T	：作品から、どういう考えかわかるかな？
C1	：目みたいだ。青い瞳で見つめられているよ
C2	：なんか事件が起こった感じだね
C3	：時が止まったっていうことじゃないかな
T	：なぜC2、C3はそう思うのかな、C4ちゃん？
C4	：時計が隠されてるからだよ
T	：時間が見えない。使えないということだね
C4	：「青い地球の限られた時間」ってどうかな
C5	：ああなるほど。〇は地球か
C6	：そうそう。僕も青だから水を感じたんだよ
T	：時計が使えない、地球、水ときたね…（板書）
C7	：大洪水が起きたのかな
C8	：もしかして、地震や津波などの災害から命を守りたいって意味じゃないかな

と、ある子どもがぽつんとつぶやいた。できた作品を聞いてもらうのもよいが、思いつきでも仲間に提案し、それを元に互いに考えること自体の面白さに気づいた。

仲間と見合う場は、一人の発想を大きく前進させる。感覚的な形や色の世界に対し、互いに創造的に見ることで一人では見えてなかったもの・ことに気づくことができた。子どもたちがつくる「学びの実感」である。「あっ、いいこと考えた……」、時間からのテーマを深める姿は「再考・吟味」の場に続く。

④ 「再考・吟味する」場

子どもが創造的鑑賞の場を経て、より深く考え作品に活かした事例を紹介する。B子は仲間との鑑賞の場の後、黒板のキーワードを改めて見直した。365に目がいった瞬間、学級の仲間で毎日のように歌っている大好きな歌を連想した。時間は365日、変わらず止まらず動いていることと、仲間と切磋琢磨している毎日の日常を結びつけ、紙飛行機に発展させ青空を飛ぶイメージも重ねた。個の体験、イメージを仲間の視点を借りることで、内容も洗練され深まりを見せたことがわかる。

写真11　子どもの「再考・吟味の場」での変容

（文責：仲嶺盛之）

家庭科の「きめる」学び
家庭生活での活用を見据えた授業づくり

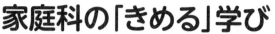

家庭科研究部　横山みどり

❶ 家庭科における「きめる」学びの考え方

(1) 家庭科における「知的たくましさ」

　家庭科で身につける力は，現在そして将来の社会を「生き抜く」ために必要だと考えている。「生き抜く」とは，主体的に快適で豊かな生活を創ることであり，これこそが知的にたくましい姿である。次に日常の衣生活の場面を例にあげてみる。

● 何を着るか

　明日何を着るかは，季節，仕事内容，仕事後の予定などできめられる。しかし次の日，天気予報が急に変わって午後から雨とわかったことで，履いていく靴を変え，それに合わせてシャツの色も変更する。さらに雨が降ったら寒く感じるかもれないと予想し，バッグに入れておいてもシワになりにくい羽織る物を持って行くことにする。

● 洗濯

　「取り扱い表示」を見ることで，上手に洗濯することができる。また，これまでの経験を活かして，洗濯前にポケットのなかを確認したり，取れそうなボタンは取ったりつけ直したりしてから洗濯したりすることも忘れない。雨が続き，部屋干しをする必要があるときには，衣服のなかに風が通るような工夫をして，気持ちよく着られるようにできる。

● 手入れ

　洗濯前に取ったボタンは，糸の色に気をつけて丈夫に縫いつけられる。靴下に穴があいたときには，まず自分で直せないかを考える。そして目立たないように裏から縫う。縫い方は，穴の場所や大きさできめる。

　日常生活は「きめる」の連続である。つまり「きめた」ことを環境や条件の変化があれば，また考えて，よりよく「きめ直す」のである。その根拠は身につけた知識や技能などに支えられた確かな「感覚」である。

　現時点の学びと将来活用できる力のつながりを明確にすることは簡単ではない。し

かし，子どもたちが時に想像することがむずかしいとも言われる未来を生き抜けることが「知的にたくましい学び」を重ねた証とするなら納得ができる。

そして将来にめざす姿から逆に考えれば，小学校段階で必要なことがみえてきそうである。

(2) 家庭科授業の特徴

活用できる力を育むためには，家庭実践を見据えた学習活動が展開される必要がある。例えば調理実習の振り返りでは，実習した物についてだけでなく，自分の家族に作るとしたら何が違うのかなどを考えさせることが大切である。

また，技能の習得・向上を伴う題材が多いことから，技能を身につけていることが前提となる思考活動については，全体で交流することが困難な場合もある。例えば，手縫いについての基本的な技能が身についていなければ「使いやすくするための工夫」「丈夫に仕上げるための工夫」「プレゼントする相手を思っての工夫」などについての考えを，友達と交流したり，実際に工夫を活かした作品を作ったりすることは困難である。

教師は子どもたちの様子を見極めながら，題材によっては技能の習得・向上の過程を学びの中心にする場合もあるであろう。

さらに，自分の家庭生活から課題を見つける問題解決型で展開する題材が多いことから，教師は課題解決の成果として身近な生活を実際に変えられるよさを活かしながらも，さまざまな家庭環境があることに十分に配慮しなくてはならない。

このような家庭科授業の特徴から，他教科と違う様相となることもあるが，家庭科のなかでも学びの様相をパターン化することはできない。それは，教師が学びをきめてしまうのではなく，子どもたちが主体的に活動してこそ，環境や条件の変化に合わせて「きめ直す」力を育むことができると考えるからである。

❷ 家庭科における「きめる」学びの授業づくり

研究を重ねるなかで，授業づくりの柱となるキーワード（授業を通して子どもたちに育みたい力など）は毎年変化していった。これは「きめる」学びについての見方が広がっただけでなく，研究が深まった証である。

(1) 経験をもとに見極める力

見極めるとは，「状態をみて判断する」ということであり，状態をみて判断できるためには，知識や技能の実感を伴った理解が必要であると考えた。

例えば，ご飯を炊く際の米の吸水について，これまでは吸水率と時間のグラフなどから必要な浸水時間を考えさせていたが，結局は「浸水時間は少なくとも30分は必

要」だと教え込んでいた。

　30分という時間や，そもそも吸水が必要なことを忘れてしまったら，学習したことを家庭生活で十分に活かすことはできない。そこで，炊飯の学習では，30分という時間には触れずに米の浸水による変化を観察させ，十分に吸水した米の状態をまとめてから調理実習を行った。

　子どもたちは観察した経験を活かして，十分に吸水したかどうかを見極めて点火することができた。このように，何かをきめるよりどころを「経験」にすることで，次の活動においても活用できる力となると考えている。

　しかし，すべてをこのように展開することは時間数的にもむずかしいことから，指導内容にバランスよく「経験」となる活動を取り入れていきたい。

写真1　状態を見極めて判断しよう

(2) 確かな「理論」に支えられた生活者としての「感覚」（図1）

　例えば料理なら，家族の人数に合わせて使う食材の分量をきめ，好みに合わせて「だいたいこのくらい」と味つけをして美味しい一品が作れる（到達点A）というようなことである。

　学びに「理論」→「概念」がなければ，環境や条件が変わったことへの対応はできないため，知識や技能は，それらについての理論を一緒に理解することが大切である。

　しかしそれだけでは，「作ろう！」という行動にまでは至らない可能性もある（到達点B）。つまり，「理論」とそれが「感覚」になるまでの実践意欲も育む必要がある。

　到達点A・Bの分かれ目である💥では，材料などの条件や考え方の視点を，子どもたち自身が変える「ゆさぶり」が必要である。具体的には，学びの途中で立ち止まり振り返る活動，きめ直す活動などを設定することで，家庭生活での活用を見据え，到達点Aに向かって学びが進み出すと考えた。

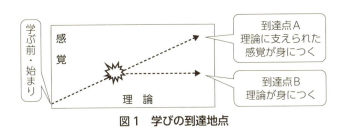

図1　学びの到達地点

(3) 環境や条件を変えて考え直す

本来，できるようになったことを実践する場は家庭である。しかし，子どもたちの家庭生活はさまざまであり，また変化していく。

ならば，「実践力」とは「環境や条件が変わってもよりよい判断をし，活用できる力」である。つまり授業のなかで，身につけた知識や技能を環境や条件を変えて考え直させる活動が必要なのである。

ここでは家庭科としての学びの様相1〜4を整理することで，より効果的な指導を展開したいと考えた。

家庭科としての学びの様相

1　これまでに身につけた知識・技能，経験を活かして きめる

　学習内容への素朴な興味や，実験・実習など活動の魅力に子どもたちは惹きつけられ，学びが始まる。そして，活動が進む過程で感覚や経験できめたことが，理論に支えられた確かな知識や技能となっていく。

2　自分事として きめる

　次は，学びを「自分事」にする段階である。「教師の働きかけ」や「ゆさぶり」は，子どもたちの学びの目線を変えたり，学び続ける意欲を高めたりするためにも重要である。

3　自分の目的をもって きめる

　題材の終盤では学習内容を深く理解できるだけでなく，個々の家庭における課題や今後起こり得る変化にも適切に対応できる実践力が，授業のなかで発揮される。

4　よさを実感して きめる

　題材全体を振り返ったり「自分に何ができるはずか」を友達と交流したりすることで，実践し続ける「強い意欲」が育まれる。

---

(4) 「計画実践力」と「場面実践力」

「計画実践力」とは，家庭科学習で身につけた知識や技能を，計画して家庭生活に活かす力を指している。例えば，「みそ汁の学習を活かして家族の好みに合わせた美

味しいみそ汁を作る」といった実践場面で力が発揮される。このような実践は，題材のまとめとして教師から課すことが多い。

「場面実践力」とは，家庭科学習で身につけた知識や技能を，必要に応じて活かす力を指している。例えば，「服のボタンが取れたので自分で縫いつける」といった，予測がむずかしい実践場面で力が発揮される。このような実践は，教師が全員の子どもに課すことがむずかしいため，子どもたちの「強い意欲」に支えられている。

当の子どもたちは，この二つの力についてどう考えているのであろうか。「これからの生活でどちらが必要な力だと思う？」という質問への6年生による回答例を以下に紹介する。

A君…「計画実践力」の方が必要

　身の回りの人が健康に過ごせるように考えた食事を作れるようになることが大切だと思ったから。冬になる前にひざかけをあらかじめ作ったり，荷物が多くなりそうなときは大きめのバッグを作ったりすることも大切だと思ったから。

Bさん…「計画実践力」の方が必要

　日々の生活に余裕をもたせるために，何でも計画的にやることが大切だと思うから。

Cさん…「場面実践力」の方が必要

　生活のなかでは，何がいつ起こるかわからないから，その場面に合わせて使える力が必要だと思った。例えば，急に風邪をひいたときおなかに優しい食事が作れなければいけないし，服が破れたときにも自分で縫わなくてはいけない。こう考えると，場面実践力の方が多く使われると思う。

D君…「場面実践力」の方が必要

　計画通りにうまくいくなんてことは，あまりない。だから不測の事態にも対応できるようにしなければいけないと思う。

それぞれの意見を交流することにより，これからの生活にはどちらの力も必要なことが確認できた。しかし，「場面実践力」は必要であるにもかかわらず，教師が子どもたちに身についたかを見届けることがむずかしい現状にある。

できることは，「これなら，場面実践ができそうだ」とイメージできる姿を授業のなかでめざすことである。そのためには，教師が環境や条件を変えて考え直す活動を意図的に授業のなかで設定する必要がある。

③ 家庭科における「きめる」学びの授業モデル

　環境や条件を変えて考える場面は，先述の「家庭科としての学びの様相」の，主に2，3，4にある。よって，実践題材ではそこを重視して示す。

(1) 5年生　題材「どう使う？　どう作る？」

① ねらい
- かがり縫い（なみ縫い，返し縫い）ができるようになる。
- 目的に応じた縫い方などを考えて，製作計画が立てられる。

② 指導計画

次	小題材名	主な学習活動
1	小さなフェルトから　様相1	・かがり縫いの練習をしながら，四角いピンクッションを製作する。 ・玉結び，玉留めはなかに入れるなど，きれいに仕上げるポイントがわかる。
2	どう使う？どう作る？　様相2　様相3	・新たに製作するフェルトの作品について，形や大きさの違いから，どんな使い方ができるかを考える。 ・家庭生活を振り返り，作品の使い方を具体的にイメージする。（宿題） ・自分がきめた使い方をするためには，どのように作ったらよいのかを考えて，製作計画を立てる。 ・教師が準備した材料などからヒントを得て計画を変更する。（きめ直す）
3	私はこう作ります　様相4	・使い方を意識して，フェルトの作品を製作する。 ・使ってみて，改善したいことなどを考える。

③ 授業の実際

様相3　製作する作品の使い方をきめた後

　これから製作する作品の使い方をきめている子どもたちは，製作計画を主体的にきめることができた。例えば，スマートフォンの画面クリーナーを家族にプレゼントしようと考えた子どもは，飾りやメガネ拭きを縫ったり，ぶら下げるための紐をつけたりする手順をいつ，どのようにやれば丈夫で使いやすい作品になるかを考えることができた。

　また教師が準備した，自由に使える材料や作品に香りをつける用具などを目にしたことで，いっそうイメージを膨らませ，よりよい作品にするために計画の変更やつけ足しなど，きめ直す姿も見られた。

写真2 使いたい香りはないかな(様相3) 　写真3 作品を使って気づいたことは(様相4)

|様相4| 作品を製作した後

作品を家庭で使ってわかったことや家族からの感想を友達と交流することで，また作ってみたい，ほつれたら自分で直したいなど，実践の継続に意欲をもてた。

(2) 6年生　題材「安全な活動について考えてみよう」
① ねらい
・安全な活動についての意識と技能を高める。
・学習したことを生活で活かす方法を自分なりに考える。

② 指導計画

次	小題材名	主な学習活動
1	私たちの活動は安全かな？ 	様相1
様相2		・これまでの経験から，特に安全に配慮して取り扱う必要がある用具や活動場面について話し合う。 ・担当した内容について調べたり試したりしたことをまとめて，発表準備をする。
2	発表しよう！確かめよう！ |様相3|	・用具や活動の安全について発表し合う。 ・発表内容に関連した実習をしながら考えたり試したりする。
3	安全な活動について考えてみよう |様相4|	・わかったことをどう生活に活かすかを話し合う。

③ 指導の実際
|様相1，2| 題材のはじめ

安全を考える必要があると考えた用具や活動はクラスによってやや違った。それは，子どもたち一人一人の経験やこれまでの授業で話題になり話し合ったことに影響されていると考えた。

共通してあげられた内容は「アイロン」「針」「はさみ」「包丁」「ミシン」「ガスコンロ」であった。ほかには，「調理実習時の動き」「熱湯」「デザインナイフ」「椅子の座り方」「フライパン」「食生活」などがあった。それらについて話し合い，クラスとして取り組む内容を8個きめた。

友達に伝える準備は，時間や正しい動作を必ず表すなどの条件を教師から示し，後は「楽しく・わかりやすく」を合言葉に各グループできめていった。

写真4　注ぐ高さと飛び散る範囲について水で実験中（様相2）

様相3　アイロンの扱い方についての発表後

担当グループの発表を聞いても，アイロンがけの活動にはいくつも疑問が残っているようであった。それは，子どもたちがアイロンをかけようと持ち寄ったものが，実にさまざまだったからである。

また，アイロンがけの経験がない子にとっては，失敗したらどうしようという不安が強いようにも見えた。そんなときに，アイロンの箱を開けると入っていたのが「取り扱い説明書」である。教師が声をかけなくても，ほとんどのグループが必死に「取り扱い説明書」を読んで活動を進めている様は「家庭科の知的にたくましい姿」だと感じた。

子どもたちは「布の種類によってかける温度が違うこと」，「自分がアイロンをかける物の布の種類」がわかると，かける順次などを考えながらアイロンがけをしていった。

活動後の話し合いでは，「アイロンについての『絵表示』を見るとよいこと」「手作りの物には『絵表示』がないこと」にも気づけた。また，「売っている物でも取り扱いの指示が別紙になっている物があること」も，子どもたちには新しい発見であった。

最後に「もし，アイロンをかけようとしている物の布の種類が判らなかったらどうする？」と教師から投げかけたところ，「まずは，どんな布でも大丈夫な低い温度でアイロンをかけて，しわが伸びないところは，温度を少し上げる」という案が，子どもたち全体の支持を得た。

体育科の「きめる」学び
知的にたくましく，動ける体を育む体育科授業

体育科研究部　平川　譲　齋藤直人　清水　由　眞榮里耕太

❶ 体育科における「知的にたくましい子ども」と「きめる」学びの考え方

(1) 体育科における「知的にたくましい子ども」

体育科では以下のような子どもの姿を「知的にたくましい子ども」として提案する。

> ① 基盤となる情報をもっている
> ② もっている情報を意識しながら試行錯誤し続けられる
> ③ 新たな情報を獲得しようとしている
> ④ 情報と自分の感覚，結果としての運動パフォーマンス，これらの整合性をとろうとし続ける
> ⑤ 情報を取捨選択できる，しようとしている
> ⑥ 次の課題を見つけようとしている

① 基盤となる情報をもっている

運動学習への取組みをスタートさせるには，そのための基礎感覚が必要になる。これは運動学習の成果を上げるための前提条件ともいえる。「知的にたくましい子ども」の姿には，「基盤となる情報をもっている」ことをそれに加えた。これは，運動に関する知識とも言い換えられる。

② もっている情報を意識しながら試行錯誤し続けられる

既習の情報をもち，新しい課題に向き合ったときに，その「情報を意識しながら試行錯誤」でき，多少の失敗に挫けることなく「試行錯誤し続けられる」こともここに含めた。できない自分の姿を仲間に見せること，恐さや痛さを克服することなどを考えると，知的にも，精神的にもたくましくないと出現しない子どもの姿であると言える。

③ 新たな情報を獲得しようとしている

前述のような運動学習の最中にも，「新たな情報を獲得しようとしている」姿も望

みたい。既習の感覚や情報だけでは解決しなかった課題に関して，これを解決する課程で新たな情報を獲得しようとする貪欲さである。

④ 情報と自分の感覚，結果としての運動パフォーマンス，これらの整合性をとろうとし続ける

知的にたくましい子どもは，図1のA，またはCに属していて欲しいところである。

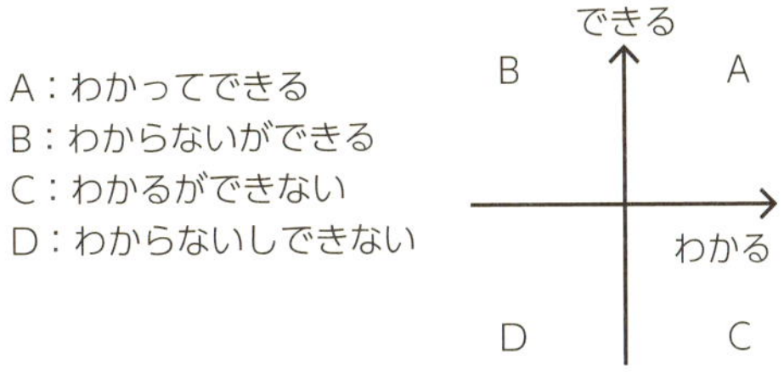

BやDでも初期の段階では，情報を得よう，理解しようとする姿勢があればよしとしたい。AやCに属する子どもは，もっている「情報（運動ポイント）および，

A：わかってできる
B：わからないができる
C：わかるができない
D：わからないしできない

図1

自分のなかに獲得している運動感覚と，結果として得られる運動パフォーマンスを比べて，整合性がとれれば」本人の納得度も高くなる。「どうして自分はこのような運動パフォーマンスになるのか」を実感を伴って理解できるということである。

⑤ 情報を取捨選択できる，しようとしている

学習課題の難易度が上がる高学年になると，運動ポイントなどの必要な情報が複数存在する場合が出てくる。このような場合，自分や仲間には何が不足していて課題達成できないのか，十分に達成していることは何かを考えて「情報を取捨選択できる」ことが必要になる。これをしようとすることも知的にたくましい姿ととらえたい。

⑥ 次の課題を見つけようとしている

体育科授業では，安全の担保や学級集団全体の意欲を含めた学習準備状況を考慮して，その集団の技能レベル中位からやや低位に合わせて課題設定することが多い。多くの子どもに「できそう→できた→できそう……」という学習のサイクルを経験させることで，安全に，学習意欲の継続，運動に対する愛好的な感情を育むためである。この際に共通課題を達成した子どもは「できた，おわり」ではなく，「次はこんなとしてみたいな」と「次の課題を見つけようとして」ほしいのである。はじめは教師からの課題設定で始まっても，やがては自分から動き出せるようになることを期待したい。

(2) 体育科における「きめる」学び

① 研究，授業の方向性

授業実践に関して体育科で確認したことは，

・「共通学習課題」の授業で，運動感覚，技能を中心とした学習内容を確実に身につけさせることは継続する。

・「きめる」には，一定の条件や枠組みが必要で，それは発達段階，学習内容の定着度合い，集団の資質などによって教師が判断していく必要がある。

の2点である。学び合いが可能な「共通学習課題」での授業は，他教科・領域では当然である。ところが，体育科では子ども個々の課題が異なる「めあて学習」という授業スタイルがあり，誤解が生じる可能性がある。そこで，「きめる」の範囲を個別のめあてまでは広げないことを確認した。安全を担保すること，学習内容が確実に身につくことなどを条件に，子どもに何をきめさせるかを教師が「きめる」ということである。

以上のような方向で授業実践を進めると，いくつかのパターンがみえてきた。これを分類すると，以下のような授業モデルとなった。モデルに授業をはめ込むのではなく，実践した授業からモデルをつくるという方向である。以下にそのモデル例を示す。

② モデルA：取り組みはじめから「きめる」を取り入れる

既習の学習内容を生かして，新しい学習に取り組みはじめたときから「きめる」活動を取り入れる授業モデルである。単元の早い段階で課題解決に向けた思考場面を取り入れ，そこで「きめた」ことをもとに学習を進める。自分で「きめた」ことと結果としてのパフォーマンスを往還させて「きめ直し」を行い，学習の質を高めていく。このモデルに向いているのは，失敗しても怪我の可能性が低い運動教材である。

	例：6年生　走り幅跳び				
モデルA	1	2	3	4	5
	○跳躍の方法を確認　○タイミングよく遠くに跳べる助走の距離5m・10m・15mから選択する。助走の距離を「きめる」		○踏み切りのタイミングが合わないときには記録を測定1歩目の足を入れ替えるスタートの位置をラインの前後に変える助走の距離を「きめる」		

③ モデルB：学習内容が身についたところで「きめる」を取り入れる

単元はじめには，基礎感覚・技能を高めることを中心に授業を展開する。単元がある程度進んで，それらが身についた段階で「きめる」活動を取り入れる。課題の難易度を「きめる」こともこれに当てはまるといえる。このようなモデルであれば，低学年でも学習したことを活かした「きめる」が可能になる。

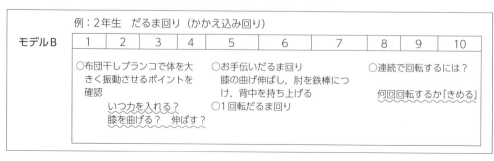

第2章 各教科・領域における「きめる」学びの考え方と授業事例 ● 体育科

④ モデルC：記録を更新するため，勝つためにメンバーを「きめる・きめ直す」

1時間のなかに「きめる・きめ直す」ための試行錯誤を取り入れるモデル。はじめにメンバーや動き，作戦をきめてからリレーやゲームに取り組む。勝敗，タイムなどを参考に「きめ直し」て再度取り組む。単元終了まで常に試行錯誤は続く。ただし，競争相手の状況や用具の操作などの不確定要素があるので，「きめた」ことが上手くいかないこともある。「きめた」こと自体の評価で意欲の継続をねらうことも必要である。

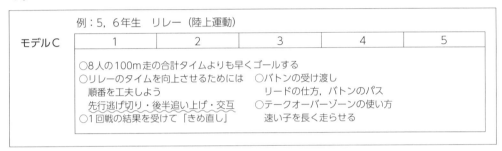

⑤ モデルD：パフォーマンスづくり

パフォーマンス作品構成は「きめる・きめ直す」の連続である。主に単元の前半では，1時間の授業のなかでこれをくり返している。単元の後半は，「きめた」ことの精度を上げる練習に取り組むことになる。

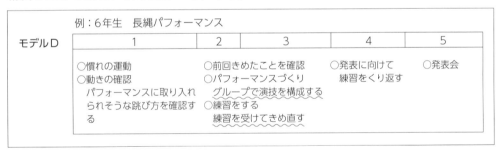

⑥ モデルE：単元（学年）をまたいだ「きめる」

既習事項を，新たに取り組む類似の運動に活用していくモデル。単元の前半に既習事項を活用し，後半にはその運動に合わせた思考につなげていく。

モデルE	例：3～6年生　ゴール型ゲーム（コーン当てゲーム→ディスクゲーム→3対1→3対3）			
	3年生	4年生	5年生	6年生
	コーン当てゲーム ○コーンの裏側に回ってシュートする <u>どこに動くと点数が取りやすいか</u>	ディスクゲーム （攻守交代） ○空いているスペースへパスならびに動き方 <u>だれにパスするとよいか</u>	3対1ハーフコート ボールを保持したらシュート <u>空いているスペースへ動く</u>	ディスクゲーム （攻守入り乱れ） ○ディスクをもったら前に <u>コートのどこに走り込めばよいか</u>

109

以下にモデルA・B・D・Eの授業事例を述べる。紙幅の関係ですべてのモデルの授業事例を掲載できないことをご容赦願いたい。
(文責：平川　譲)

❷ 体育科における「きめる」学びの授業事例

(1) モデルA：だるま後ろ回り（2年生）

① 教材について

　だるま後ろ回りは、布団干しの状態で鉄棒にぶらさがり、鉄棒に肘をつけ、脇を締め、腿を抱えながら、後ろに回転する技である。

　だるま後ろ回りは、前方へのだるま回りと回転は反対になるが、基本的なポイントは前回りと共通している。

② モデルAの視点

　モデルAは、「取り組みはじめから『きめる』を取り入れる」モデルである。

　だるま後ろ回りの場合、その前の単元にあたる、だるま前回りの学習から4か月ほど期間を空けて学習を始める。この頃には、「何となく後ろに回っちゃった」という子がいる場合もある。

　子どもたちがだるま前回りでの既習事項や感覚を活用して学習する時間を単元のはじめから設定する。その際に、だるま回りの前と後ろの共通のポイントであり、安全を確保するうえで大切な「鉄棒に肘をつけること」「脇を締めること」「腿をしっかり掴むこと（抱え込むこと）」の3つについては、再確認してから各グループの学習に取り組ませる。失敗しても怪我の可能性が低い状態で、技を習得するためのポイントを自分なりに「きめる」学習に取り組んだ。

③ 活動の実際

　単元の序盤は、なかなか後ろに回れずに苦労する様子が見られる。偶然回れる子もいるが、安定して後ろ回りができる子は少ない。この状態で20分の学習を2, 3回続ける。

　これまでは、「頭や肩を後ろに倒すこと」や「頭を倒すときに足を伸ばす」という後ろ回りのポイントを共通で学習して、難易度を自分で「きめ」ながら異質集団で学ぶ時間を多くとっていた。

　今回は、子どもたちが「だるま後ろ回りのポイントは何か？」という課題をもちながら、学習を進めた。教師はグループの学習の様子によって、「後ろに回転するときに体はどうなるのかな？」と上半身に目を向けさせたり、「曲げたり伸ばしたりする

第2章 各教科・領域における「きめる」学びの考え方と授業事例 ● 体育科

タイミングは前回りと一緒かな？」と曲げ伸ばしのタイミングについて意識するように声をかけたりする。すると各グループで試行錯誤しながら取り組む姿が見られた。頭や肩を倒すタイミングを「きめた」り、足を曲げて伸ばすタイミングを「きめた」りしながら、結果としてのパフォーマンスと往還させて「きめ直し」を行い、だるま後ろ回りのポイントに迫っていった。

子どもの目的は「だるま後ろ回りができるようになること」「だるま後ろ回りのポイントは何かを理解すること」と共通しているので、グループの枠を越えて教え合ったり、回っている姿を観察したりする姿も見られようになる。

ここで、初めて全体の前でだるま後ろ回りに挑戦する時間を設定した。これまでよりも、全体で発表するタイミングを遅らせた。全体の前で成功すれば帽子を白に変えさせる。ここで一気に、クラスの半数以上が白帽子になる。

それは、それぞれのグループでの学習の時間を多くしたことで、これまで以上に「ポイントは何か？」をグループごとにしっかりと思考しながら、課題解決に向かうことができたからだと考える。

全体の前での挑戦のあとに、ポイントやコツについて意見を出させた。グループで試行錯誤をくり返しているので、お互いの意見がイメージしやすく、どの場面のことを言っているのか想像しながら聞いたり、別の言い方に置き換えたりしながら、後ろ回りのポイントを共通理解した。こうすることで曖昧だった部分が明確になり、実感を伴った共通のポイントを活用して学習を再スタートすることができた。

また、このタイミングでの全体の前での挑戦は、子どもたちのモチベーションをさらに上げることにつながる。それは、異質集団である班のなかには、最初の挑戦では白帽子になれなかった子と白帽子になった子が一緒にいるので、何とか白帽子にしてあげようと仲間のためにアドバイス、お手伝い、応援に必死に取り組むようになる。

右の写真のように、挑戦している子にポイントやリズムを伝え、回れるようになると自分事のように喜ぶことができるのである。

また、グループごとの学習を多く設けたことにより、友達のつまずきを見つけて、それを解決するためのアイデアを出し合い、実際に課題を克服する場面もこれまでよりも多く出てきた。

例えば、足の振りは悪くないが、回り始めると、膝が開いてしまう子がいた。その際に、1年生で取り組んだ「おりかえしの運動」のなかのカンガルー（両足ジャンプ）を想起し、帽子を膝に挟んで取り組むように子ども同士がうながした。その解決

111

方法は子どもたちが考え出したものである。その状態でくり返し取り組んだ結果，膝を閉じて回ることができるようになった。

　上記のような姿は，本研究で求めている「もっている情報を意識しながら試行錯誤し続けられる」という知的にたくましい子どもの姿に合致する。　　　　（文責：齋藤直人）

(2) モデルB：がんばりターザン（1年生）

① 教材について

　ターザンロープにしがみつき振動させる「ターザン」は，低学年から高学年まで大好きな教材である。子どもたちは，「大きく振るのが気持ちいい」「壁を蹴ってさらに大きく振りたい」「長くぶら下がっていたい」という思いから夢中でロープにしがみつく。教師は，体にぎゅっと力を入れる「締めの感覚」や「振動感覚」を養うことをねらいとしてこの教材を扱う。

　今回の「がんばりターザン」では，締めの感覚を高めることをより強くねらって，右写真のように締めの程度をロープを握った手の位置で得点化した。

1点　：手が顔よりも上
3点　：手が顔と同じ高さ
10点：手が顔よりも下

として，これに振動回数を加えて

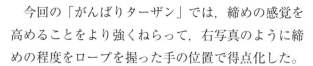

と評価させた。

　ロープを握って壁際まで下がり，その場からぶら下がって，1往復で1回，2往復で2回……となる。点数は締めの程度，回数は振動回数なので，数学的

には間違った足し算となるが，1年生の評価の指標として許容してもらいたい。2年生以上であれば，点数と回数でかけ算をするという方法が適当だろう。

② モデルBの視点

　モデルBは，「学習内容が身についたところで『きめる』を取り入れる」モデルである。がんばりターザンの場合，本単元だけでなく，その前から基礎感覚づくりを進

めてきた。鉄棒でのだんごむし（腕曲げ持久懸垂）は5月から断続的に扱い，本単元に入る直前にもロープでの「ターザンだんごむし」に取り組ませた。鉄棒ではできたことが，垂直にぶら下がるロープではできないという子が何人かいた。腕を曲げて体幹を締める感覚に加えて，握力を出す感覚もより必要とされるためである。15分程度の活動を2回。ずり落ちてしまう子には15分の中で2回，3回と挑戦させることで，全員が10秒程度はロープにしがみついて体を保持できるようになった。これで，ロープ1〜2往復は可能なはずである。

　その後，本教材（単元）に入り，課題の難易度を「きめる」学習に取り組んだ。

③　課題の難易度を知る

　子どもを大型テレビの前に集めて，右写真の動画を視聴させて，

T：1番と2番のターザンはどっちがかっこいいかな？

C：2番

T：どうしてそう思うの？　どこが違うの？

C：肘が曲がってる。手が顔の下。

　というような発問と返答で，体を高い位置で保つターザンの方がかっこいい，こういうターザンを高得点とすること，ターザンで振れた回数と足して得点を出すこと，「何点で何回振るか」をきめてそれを達成できなかったら0点となることを確認した。

④　活動の実際

　課題をきめて挑戦した子どもを班の仲間が評価することとした。一人の子どもが始めた大きな丸を表現するポーズつきの評価を称賛したところ全体に広がった。

　授業2回目，3回目とだんごむしのような姿勢を保持して，自分がきめた課題を達成することができた。

⑤　おわりに

課題を「きめる」学習の条件を以下のように考えた。

・教材を楽しむ基礎感覚が身についていること

・共通学習課題であること

・本人も仲間も評価しやすい課題であること

・やっとできる子から発展まで連続した課題設定が可能であること

・安全が担保できる範囲の課題であること

技能の高低に関わりなく主体的に取り組む姿は，「知的にたくましい姿」ということができる。今後も「きめる」学びの授業改善に取り組んでいきたい。（文責：平川　譲）

(3) モデルD：マットパフォーマンス（6年生）

① 教材について

　マットパフォーマンスは，マット運動でリズムやタイミングなど動きを合わせようとする教材である。一人で技を行うよりも質的な向上を意図することができ，仲間のリズムに合わせようとすることが技の質を向上させることにつながる。また，演技を仲間と考えるなかでお互いのことを考える必要があり，関わる力を高めることを意図することができる。高学年で子どもたちの技能差が大きいことが多いなか，マットパフォーマンスの授業は前転だけでも空間の使い方（マットのどこから始めてどこで終わるのか）や時間の使い方（技を同時に行うのかズラして行うのか）やポーズを考えることで，すべての子どもが参加して学び合える教材である。

② モデルDの視点

　「きめる」学び視点からのマットパフォーマンスは，これまでに学んできた技を組み合わせたり集団で行ったりすることで，演技づくりを行いそれを発表するという，授業モデルDの学習となる。モデルDは，グループで演技を構成し（「きめる」），練習をしてその構成した演技を「きめ直す」ということをくり返していく。

　授業の流れを具体的に考えていくと，既習の技をグループの仲間と考えながら演技として構成していく。同時に，授業のなかで演技構成に必要な視点を学ぶことで演技に工夫が生まれ，さらによい演技となるように考えていく。また，ある程度の完成形が見えたとしても演技の工夫は終わりにせず，時間の許す限り追求していく姿も見られるようになる。

　このような姿を「知的にたくましい子ども」の姿で考えると，まずはもっている基盤となる情報（既習の技）を意識しながら試行錯誤（演技構成）していく。そして，授業のなかで新たな情報（演技構成の視点，技・空間・時間）を獲得して，そこで得ることのできた情報と自分の感覚，結果としての運動パフォーマンス（構成した演技をやってみる），これらの整合性をとろうとし続ける（練習をして考え直す）姿ということになるであろう。また，ある程度の完成型が近づいたとしても，次の課題を見つけようとしている（さらなる工夫を考えていく）という姿であろう。

③ 単元の流れ

　20分を7回と40分を1回の4.5時間扱い

・合わせてみよう（3回）

・マットパフォーマンスを創ろう（4回）

・発表会をしよう（1時間扱い，1回）

④ 「きめる」場面について

よりよいパフォーマンスを創り出すために，自分や仲間のできる運動や時間・空間の使い方を仲間と試行錯誤しながら「きめる」をくり返していく。

⑤ 活動の実際

〈授業1～3回目〉

授業1～2回目は馬跳びレベル5（通常よりもやや高くした馬）とアンテナ（肩倒立）から立つという課題に挑戦した。馬跳びは，自分たちでレベルの調整をしながら「合わせて跳ぶ」という課題に挑戦した。声で合わせること，跳び終わったらポーズを

することなどが工夫の観点として出された。さらに，タイミングをずらしたり，反対方向から行ったりするという意見も出された。

アンテナ（肩倒立）から立つという課題も合わせて行うことに挑戦し，その後，馬跳びとつなげてみることを行った。アンテナから立つタイミングをずらすなどの姿が見られたが，馬跳びとつなげるアイデアはむずかしいようだった。

授業3回目では跳び前転を行い，そこから合わせる課題に挑戦した。高さを変えたり越える人数を増やしたりといった工夫が見られた。怖くてなかなか取り組めない子もいたが，無理をさせずに馬跳びやアンテナと上手につなげる方向で考えた。授業の最後に，工夫の視点として空間（方向）と時間（順番）があることをおさえた。

〈授業4～8回目〉

授業4回目からは，自分たちでパフォーマンスを創っていく課題とした。これまでの授業で挑戦した技以外でも，できる技であれば自由に演技に入れてよいこととした。

授業4回目は，子どもたち同士でどのような技ができるのか，どのようにつなげていくことができる

のかを話し合う時間が多く，なかなか実際に動くところまでできる班は少なかった。授業4回目の終わりにいくつかつなげることができた班を見本として見せたことで，それぞれの班でイメージが広がった。授業5～7回目で発表する演技を創り上げていった。

子どもたちの活動は，「アイデアを出す→実際にやってみる→修正あるいは別のアイデア」といった流れで試行錯誤をくり返していった。

授業8回目では，マットパフォーマンス大会を行い，技・時間・空間の工夫といった観点から相互評価を行った。

(文責：清水　由)

(4) モデルE：ネット型ゲームハンドテニス（4年生）
① 教材について

ハンドテニスは，ネット型ゲームで身につけさせたい技能課題をやさしくしたゲームである。「ネット型」というとすでにバレーボールが取り組まれているかもしれないが，中学年の子どもたちにとってバレーボールのボール操作技能が非常にむずかしい。そのため，ネット型の導入時には，ハンドテニスを用いてネット型の特性にふれるとともにこの型特有の動きを身につけさせていくことがねらいである。

図2　コート図

ハンドテニスでは，図2のようにネットを挟んで相手と向かい合い，自陣にバウンドしたボールを素手で弾いて相手のコートに返球する。互いにこれをくり返す。ハンドテニスは，授業のなかで次の2点について学習させている。

・ねらったところにボールをはじく
・ボールの落下点へすみやかに移動する

② モデルEの視点

よく見て手の平ではじく

モデルEは「単元（学年）をまたいだ『きめる』」である。これまでの既習事項を新たに取り組む類似の運動に活用していくモデルである。

ハンドテニスの場合には，ネット型の導入として位置づけているが，低学年のときに取り組んだ，ボール投げやはしごドッジとの類似性がある。

はしごドッジでは，ボールを投げたり捕ったりする技能を身につけ高めることがねらいであった。そ

落下点に先回り

の際も点数を取るためには，相手が捕りにくい位置をねらって投げることを学習してきた。その既習を活かしてハンドテニスでも得点をとることを思考させる。

また，ハンドテニスで学習したネット型特有の動きを高学年で取り組むことになる「ソフトバレーボール」に活用していくことができるようになる。

③ 子どもたちが「きめる」こと

ハンドテニスの授業のなかで子どもたちが「きめる」ことは，次の2点と考えている。

・点数を取るために相手コートのどこにボールを送ればよいか
・ペアで連係して返球するかどうか

前者は，コートの端（エンドライン・サイドライン・ネット付近）をねらうことを

ペアやチームで方針をきめておく。

　後者は，仲間に一度パスをするという連係の動きを学習する。一人で返球するのか，仲間にパスをしてお助けしてもらうのかと，即時的に「きめる」ことになる。状況を判断する力が必要である。

④　活動の実際

前後に分かれた守備

　ゲームに取り組み始めたときには，動いてくるボールを返球するだけで精一杯であったが，取り組む回数を重ねていくことによって得点をとるためにコートの端をねらってボールをはじくようになった。多くのペアが一番遠いエンドラインをねらうようになってくる。

　その結果としてボールを受ける側の2人の立ち位置に変化が現れた。はじめはコートの中央に2人並んで立っていたが，2人ともコートの奥の方に下がる。そうすると攻めは，ネット際をねらってはじくようになる。この攻めに合わせて，2人のポジションがコート内の手前と奥に分かれるようになった。一人が後ろに下がり，相手のボールを受ける役になり，前方の子が返球する役割を分担するようになった。

　攻めについて学習し，はじく場所をきめることによってそれに対応した動きが現れるようになった。ペアではじく方向をきめておくことと，瞬間的に互いに指示をして「きめる」という姿につながった。

⑤　おわりに

　ボール運動での「きめる」は，次のような点について配慮が必要である。

・再現性が保てない
　⇒ゲーム中に「きめた」ことが使える状況にならないこともある。
・予定していた通りにゲームが進むわけではない。
　⇒ボール操作の失敗や，対戦相手の技能が高いことでうまくできない。
・即時的に「きめる」ことが多い。
　⇒状況が流動的である。どのような状況にも対応できるように事前に確認しておくことが多くある。

　以上のようなことから，きめる学びの視点から振り返ると「きめた」ことへの評価を教師が積極的にする必要もある。また，得点や勝敗といった目に見える結果だけではなく，その過程についてもノートや学習カードを用いて振り返る必要がある。

（文責：眞榮里耕太）

道徳科の「きめる」学び
「きめ直し」と「感覚と論理の往還」により，子どもが考えを深めていく道徳授業

道徳科研究部　山田　誠　加藤宣行

❶ 道徳科における「きめる」学びの考え方

研究企画部では，知的たくましさとして以下のような要素を提示している。

───── 資質的な要素 ─────
自然体　素直　表現　遊び心　多様性　比較　吟味　可能性　動き出す
試行錯誤　粘り強く　困難を楽しむ　失敗を恐れない　他と違う方法
責任　想像

───── 能力的な要素 ─────
想像力　創造力　人と関わる力　多面的に考える力　情報収集　分析　編集
批評力　判断力　選ぶ力　自己決定力　俯瞰する力　比較検討する力
解をつくる力　自己更新力

道徳の授業においては，上記の知的たくましさのなかで，特に「人と関わる力」「多面的に考える力」「自己決定力」「自己更新力」に焦点を当て，それらの力を育てる道徳科の授業モデルを考えてみた。

(1) 道徳科で育てたい資質・能力

① 人と関わる力

　子どもたちが現代社会を生きていくうえで必要不可欠な力が，この「人と関わる力」である。いろいろな場面で耳にするコミュニケーション能力もこの「人と関わる力」の一種である。

　首都大学東京の教授で社会学者の宮台真司氏は，「これからの学生に必要なのはグループワークが上手にできることであり，グループワークができない学生はどんなに他の面で優秀でも社会では成功できない」と言っている。

　道徳教育がめざすものは，「我もよし人もよし」の世界を確立することである。この「我もよし人もよし」というのは，自分さえよければ他人はどうでもよいという自

分勝手な生き方ではない。また，自分を犠牲にして人のために尽くすという自己犠牲でもない。自分自身の幸せを求めながら，他人の幸せも考える生き方である。このような生き方の基盤となるのが，「人と関わる力」である。この「人と関わる力」は，週に1時間の道徳科の授業だけで育つものではない。学校教育全体における道徳教育，特に特別活動における体験活動などを通して育つものである。

② 多面的に考える力

「優しさと残酷さは紙一重」という言葉がある。一見優しい行為に見えることが，実は残酷な行為であったり，一見残酷な行為に見えることが，実は優しい行為だったりする。

例えば，道を歩いているとき，目の前で小さい子どもが転んだとする。すぐに助け起こしてあげることが優しい行為かもしれない。しかし，その子どもが自分の力で起き上がるのを見守ってあげることの方が，より優しい行為かもしれない。

子ども同士でも，友達の課題を手伝ってあげるより，友達がその課題を自力で解決するのを支援してあげる方が，その友達のためになる。

「嘘も方便」ということわざがあるが，本当のことを言うよりも嘘をついた方がよい場合もある。例えば，本当のことを言って相手が傷つくならば，あえて本当のことを言わない方がよい場合もある。

ある人は「人を幸せにする嘘はついてもよい」と言っている。

このように物事を一面的ではなく，異なる面から見ることによって，そこで行われる行為も違ってくる。

③ 自己決定力

自己決定力は，常に「自分だったらどうするか」を考えることにより育つ。「自分だったらどうするか」という発問は，問題解決的な学習で用いられる発問である。

子どもは「登場人物の気持ちはどうだったか」を尋ねられるだけでなく，「自分が登場人物の立場だったらどうするか」を尋ねられると，本気で切実に考えるようになる。ただ当たり前のことを言うだけでは，問題の解決に至らないことがあるし，理想的なことを言うだけでは，自分をとりまく現実と合致しないことになる。子どもたちは，このような問題状況に自分を置いて，具体的にさまざまな解決策を考え，それを比較検討しながら話し合うなかで，自らの思考力や判断力や想像力を発揮する。

問題解決的な学習においては，「自分だったらどうするか」という発問だけでなく，相手の立場に立って，「自分がそうされてもよいか」と可逆性を尋ねる発問も有効である。この発問により，子どもはより多面的に考えることができる。

4年生の教材に「絵はがきと切手」（『小学どうとく4年「生きる力」』，日本文教出版）という教材がある。これは，正子から料金不足の絵はがきを受け取ったひろ子が，

料金不足のことを正子に伝えるかどうか迷い、最後は「友達だからきっとわかってくれる」と思い、料金不足を正子に伝えるという内容である。

子どもたちに「もし自分が正子だったらどうするか」と尋ねると、「料金不足を教える」と答えた子どもよりも、「料金不足を教えない」と答えた子どもの方が少し多かった。しかし、「もし自分が正子だったら料金不足を教えて欲しいか」と尋ねると、「料金不足を教えて欲しい」と答えた子どもの方がずっと多かった。

子どもたちが人生において判断に迷うような場面に遭遇した際に、安易に短絡的な選択を行うことなく、「よりよく生きるための基盤となる道徳性」をもちつつ、しっかり考えたうえで賢明な判断を下し、よりよい人生を歩むための練習をするのが道徳の時間である。

④ 自己更新力

常に新しい自分をつくり出していくことは、人間の成長にとって大切なことである。

以前、6年生を担任したとき、「わたしのプラス1」という体験活動を行ったことがある。これは、「①自分の得意なことを伸ばす」「②自分の苦手なことに挑戦する」「③新しいことに挑戦する」の3つのなかから1つを選んで、「わたしのプラス1」として取り組む活動である。

この「プラス1」の取組みを通して、それぞれの子どもたちが、自分が伸びたという実感をもつことができた。

道徳の授業では、「プラス1」の活動に取り組んでいる途中で、活動がうまくいっている子どもと、活動が停滞している子どもの事例を取り上げた。子どもたちは、これらの事例について考えることにより、どのようにしたら「プラス1」の活動がうまくいくのかということを実感として理解することができた。子どものなかには、新たな「プラス1」を自分で設定して取り組む子どもも現れた。

道徳科の授業において、このような資質・能力を育てるための手立てとして「きめ直し」「感覚と論理」の2つを取り上げた。

(2) きめ直し

子どもが授業の最初に「自分だったらどうするか」を、その時点で各自がもっている価値観を元にきめる。そして、子ども同士で話し合った後、授業の最後にもう一度「自分だったらどうするか」をきめ直す。この「きめ直し」は、「自分だったらどうするか」という発問による「きめ直し」である。

ただ、全学年・全教材において「自分だったらどうするか」という発問が有効であるとは言えない。例えば、ユダヤ人を救うために自らの危険を顧みずにビザを発行した杉原千畝を取り上げた教材で、「自分が杉原千畝だったら命がけでユダヤ人のためにビザを発行しますか」と尋ねるのは効果的な発問ではない。小学生が、第2次世界

大戦当時の杉原千畝が置かれた厳しい状況を実感として理解するのはむずかしく，仮に「自分だったらビザを発行する」と考えたとしても，そこにはしっかりとした根拠はないだろう。

　歴史上の偉人というのは，普通の人には到底できないことを成し遂げたからこそ偉人なのである。もし，私が「自分が杉原千畝だったらどうするか」と尋ねられたら，とても「ビザを発行する」とは答えられない。杉原千畝のような歴史上の偉人を教材として取り上げる場合は，「自分が杉原千畝だったらどうするか」という発問ではなく，「なぜ杉原千畝は命の危険を冒してまでユダヤ人のためにビザを発行したのか」「杉原千畝の生き方についてどう思うか」という発問の方が有効である。

　教材には「考えさせる教材」と「道徳的価値を伝える教材」があり，偉人を取り上げた教材は，子どもに偉人の生き方を通して道徳的価値を伝える教材である。「自分だったらどうするか」という発問は，子どもの身近な生活を取り上げた教材で用いる方が効果的である。

(3) 感覚と論理

　「感覚と論理」に関しては，教科によってとらえ方が違う。私はどちらかと言えば，音楽や体育などの授業における手立てとしては，ぴったり当てはまる言葉だと思う。

　道徳科の授業における「感覚と論理」としては「規則を守る」「困っている人がいたら親切にする」などのことが論理で，それらを自然体で実践できることが感覚ではないだろうか。

　例えば，道徳科の授業で「思いやり・親切」という道徳的価値について立派な意見を述べたり，ノートに書いたりしている子どもが，普段の生活で友達に意地悪をしているとしたら，その子どもは「思いやり・親切」を論理的には理解しているが，感覚としては身についていないと言える。「困っている人がいたら助けなければいけない」ではなく，「困っている人がいたら理屈抜きに助けずにいられない」となってこそ，「思いやり・親切」が感覚として身についたと言える。ただ，1時間の道徳科の授業だけでこのような感覚を身につけることはむずかしく，学校における道徳教育全体および家庭教育や社会教育とも連動しなければ，自然体で道徳的価値を実践できる子どもを育てることはむずかしいのではないだろうか。

② 道徳科における「きめる」学びの授業事例

■授業事例1（5年生）

　教材は「僕は出ない　エースの決断」（『中学道徳　心つないで3』教育出版）である。全国サッカー高校選手権大会の岡山県予選の決勝（水島工業対作陽）で主審の誤

審により，本当は負けていた水島工業が勝ったことになり，全国大会に出場することになった。水島工業のエースは「誤審がなければ勝っていた作陽の選手の気持ちを考えても自分は出場できない」と言った。主力選手による多数決では，6対5で出場すると考えた部員の方が多かったが，水島工業のエースは，誤審による勝利を受け入れようとせず，全国大会の出場を辞退した。

　これは実話なので，子どもたちが興味関心を強くもつ教材である。従来の道徳の授業のように登場人物の気持ちを問うのではなく，「もし自分がエースだったら出場するか，出場しないか」と問いかけたところ，「出場する」が18人で，「出場しない」が11人だった。「出場する」と考えた理由としては，「審判の判定に従うべき」「多数決で決めた」などで，「出場しない」と考えた理由としては，「負けたのに出場するのはおかしい」「作陽の選手たちに悪い」などであった。

　次に，黒板に名札を貼り，自分の立場を明確にした。子どもは自分の考えだけでなく，友達の考えを知り，自分の考えと友達の考えを比べることにより，自分の考えを深めたり，広げたりすることができた。

　次に，話し合いによって自分の考えが変わったかを確認したところ，自分の考えが変わった子どもはほとんどいなかった。子どもは，最初に自分が「きめた」ことにはこだわりをもつので，その判断が揺さぶられ，新しいことが見えてこないと，最初に「きめた」ことを変えようとはしない。

　そこで，可逆性のある発問によって子どもの考えに揺さぶりをかけることにした。可逆性のある発問とは，相手の立場に立って「自分が相手の立場だったらどうして欲しいか」を考えさせる発問である。これは，理論的な揺さぶりである。

〈可逆性のある発問〉
　「もし自分が水島工業のサッカー部員だったら，エースの決断を受け入れることができますか」
　この発問に対する子どもの考え
　「エースが自分できめたから受け入れられる」
　「エースの力が必要だから受け入れられない」

〈可逆性のある発問〉（※今回の実践では，この発問を用いた。）
　「もし自分が作陽のサッカー部員だったら，水島工業のエースが全国大会に出場しないことをどう思うでしょう」
　この発問に対する子どもの考え
　「本当は自分たち（作陽）の勝ちだから，水島工業のエースが出場しなくて水島工業が負けてもよい」
　「本当は全国大会に出場するはずだった自分たち（作陽）の分まで頑張って欲しい

から，水島工業のエースには全国大会に出て欲しい」

今回の実践では，この発問に対して「水島工業のエースに出て欲しい」と考えた子どもが圧倒的に多かった。つまり，「もし自分が水島工業のエースだったら全国大会に出場しない」と考えた子どものうち，何人かは「水島工業のエースに全国大会に出て欲しい」と考えたのである。

したがって，道徳の授業において，この可逆性のある発問は，「きめ直し」における有効な手立てである。この「きめ直し」によって，子どもたちに物事を一つの角度からのみ考えるのではなく，多面的に考える力が育つ。

ほかに役割演技も，「きめ直し」における有効な手立てである。ここでは，全国大会に出場することになった水島工業のサッカー部員と出場しないと言い張るエースの会話を役割演技させてみる。

実際に役割演技をすることによって，考えが変わる子どももいる。これは，感覚的な揺さぶりである。

授業の最後にワークシートやノートに授業の感想を書かせる。ここには，子どもの本時の学習を通した子どもの納得解が表現される。

また，今回のように答えが1つにきまらない授業では，子どもは教師がどう考えているか知りたがる。そこで，最後に教師が自分の考えを子どもに伝えることも，子どもの「きめ直し」に有効である。

■**授業事例2（3年生）**

教材は「雨のバス停留所で」（「わたしたちの道徳　小学校三・四年」文部科学省）である。この教材は，4つの場面で構成されている。

① 雨が激しく降る日，バス停留所では，バスを待つ人たちが，近くの軒下で並んでいる。よし子とお母さんもその後ろについた。

② バスがやってくるのを早く見つけたよし子は，ほかの人たちを無視して，一番にバスに乗り込もうとする。それを，母親に止められる。

③ よし子はじりじりした気持ちで列に並び，ようやくバスに乗り込む。

④ バスのなかでは，いつも優しい母親が，硬い表情でよし子を無視する。よし子は，自分のしたことを考え始める。

この教材は，この話の主人公であるよし子が，自分がしたことを考え始めたところで話が終わっている。教材を最後まで読んだ子どもたちは，自然とよし子はどんなことを考え始めたのか想像する。今回の実践では，場面ごとに順番に登場人物の気持ちを考えさせた。子どもたちは場面ごとに登場人物の気持ちを考えることをくり返すうちに，最終的によし子がどのような考えをもつにいたったかを考える材料を増やしていく。また，自分と異なる友達の考えを聞くことによっても，最終的によし子がどの

ような考えをもつにいたったかを考える材料を増やしていく。子どもたちはこのような学習過程を経て，よし子は自分のしたことをどのように考えているかということについて，自分なりの考えをもつ。これは，教材に書かれている文章に基づく子どもなりの論理的思考である。

　今回の実践では，場面ごとに登場人物の気持ちを考えさせた後で役割演技を行った。役割演技の場面設定としては，バスを降りた後，よし子とお母さんがバス停留所での出来事について会話をする場面を設定した。これは，元の教材には書かれていない場面なので，子どもたちは意欲的に考えた。

　役割演技におけるお母さん役として，子どもではなく，実際の保護者に演じてもらった。子どもたちは会話の相手が，普段接している同じクラスの子どものお母さんなので，より実感を伴った演技ができた。

　①の場面で，よし子はどんなことを考え始めたかを問いかけたところ，子どもからは「私が何かしたの」「お母さんはなぜ怒っているの」「お母さんはいつもと雰囲気が違う」「私は悪いことをしていない」という考えが出た。3年生になったばかりの子どもたちなので，よし子が反省しているという考えは，ほとんど出なかった。

　この後，バスを降りてからのお母さんとの会話を，お母さん役の保護者を相手に演じたところ，お母さん役の保護者の受け答えが上手だったこともあり，役割演技をした子どもは，自分のしたことを反省していた。役割演技を見ていた観客の子どもたちも，自分したことを反省するよし子に共感していた。役割演技では，前に出て役割演技をする子どもだけでなく，役割演技を見ている観客の子どもたちが何を感じるかということが大切である。

　また，よし子は反省していると考えた子どもに役割演技をさせたところ，実際にお母さん役の保護者を目の前にすると，反省しているはずなのにお母さんに対して疑問を投げかけていた。これらは，役割演技を通した「きめ直し」である。

　このように役割演技をすることにより，子どもたちは教材に書かれている文章に基づく論理的思考から，感覚的思考に変わったと言える。役割演技の後，観客の子どもたちが，役割演技を見て考えたことを発表し，それを受けて演じた子どもが演じた感想を発表する。このことにより，感覚でとらえたことが，再び論理に変わっていく。そして，授業の最後に，本時の授業でわかったことを書かせたところ，役割演技をすることにより，最初の論理的思考が，具体的な論理的思考に発展したことがわかった。

　このような役割演技を活用した「きめ直し」によって，相手の立場に立って考え行動することができる「人と関わる力」，自分の考えや行いを改め向上させる「自己更新力」が育つ。

■授業事例3（4年生）

教材は「絵はがきと切手」（『小学どうとく4年「生きる力」』，日本文教出版）である。この教材は4つの場面で構成されている。

① 絵葉書の不足料金を支払った兄が友達に教えてあげた方がいいとひろ子に言う。
② 正子に返事を書こうとするひろ子だが，兄の言葉が気になってくる。
③ 母に相談すると「お礼だけにしたら」と言うが，兄は「ちゃんと言った方がいい」と譲らない。
④ しばらく考えた後，ひろ子は，120円切手を貼らなければならないことを書き足そうと決心する。

発問「もし自分だったら，郵便料金の不足を相手に教えますか」

・教える——12名
「郵便料金の不足を教えないと，正子が他の友達にも料金不足の葉書を送ってしまい，その友達から悪く思われてしまうから」

・教えない——17名
「きれいな絵葉書を送ってくれたのに『70円不足だよ』と言ったら，正子が嫌な気持ちになるから」
「きれいな絵葉書を送ってくれたので，70円くらいなら払ってもいいから」

発問「もし自分が正子だったら，料金不足を教えて欲しいですか」

・教えて欲しい——25名
「教えてもらったら，今後間違えずにすむから」
「教えてもらわないと，ほかの人にも同じことをしてしまい，嫌われるかもしれないから」

・教えて欲しくない——4名
「自分の間違いを注意されたら，嫌な気持ちになるから」

今回の実践では，はじめに「自分がひろ子だったら料金不足を正子に教えるか」をきめさせた。そうしたら，「教えない」ときめた子どもの方が多かった。それぞれの立場の子どもが意見を述べ，話し合った後，「自分が正子だったら料金不足を教えて欲しいか」をきめさせたら，今度は「教えて欲しい」ときめた子どもが圧倒的に多かった。このように相手の立場に立って「自分が相手の立場だったらどうして欲しいか」を考えさせることにより，より広い視野で多面的・多角的に考えることができるようになる。

（文責：山田　誠）

■授業事例4（4年生）
(1) 道徳授業における子どもの「きめる」について

　道徳授業での「きめる」は何か。道徳的価値観は共有されているものがあり，ある意味，きまっているものである。それを後追いで再認識させるのではなく，あらためて見つめ直し，自分の言葉で再構築し，よさを実感させることが重要である。つまり，「きまっていると思っていたことをあらためてきめ直す」という学習活動である。

(2) 道徳授業で育てたい「知的にたくましい子ども」

① 感覚と論理

　頭で考えた論理（一般的な道徳的価値観）と，うまく言えないけれどこれが大事と思う感覚（よりよい生き方に向かった感覚的な嗅覚）とが整合したとき，初めて納得解となり，それに拠って立つことのできる主体的な学び手となる。

　授業場面で言えば，まず，「思ったことをそのまま言うことが正直ではなかった」「相手の気持ちやその場の状況を考え，よき心から言う・言わないを判断し，行動に移すことのできる心の使い方を正直というのだ」というように，知的理解が深まる。そして，知的理解が深まれば深まるほど，「ああ，そういう感情って素敵だな」と人間理解や感情の高まりが起きてくる。情的に心が動くのである。これがなされてこそ，自分にある，よき心を使って何かをしてみたい，役に立ちたいという真の実践意欲が湧いてくるのである。

② 知的たくましさ

　そのような，概念崩しとも言えるような，わかったつもりを覆してしまう展開は，はじめは子どもを混沌の世界に落とし込むかもしれない。そこからなんとかして這い上がろう，究明しようというたくましさこそが，道徳における「知的たくましさ」であると考える。

　しかし，それだけではなく，前述したように知的に処理できない部分を，自分自身の感覚を信じて解き明かそうとしていく作業が不可欠である。頭で考えるだけでなく，心でも考えようとする。「知的たくましさ」に対して，「情的たくましさ」とでも言えるものであろう。

③ 情的たくましさ

　「頭（理屈）で考えたらAだけど，心（心情）で考えたらBの方がいい」というように，人間は理屈では動かない世界をもっている。結局はバランスの問題であろうが，とかく知識偏重の情報社会だけに，情的なアプローチを有効に，人間的に使いたいものである。

(3) 「きめる」学びの授業モデル

　「きめる」は，子どもの学習活動である。教師はそれを手段として用いながら，「き

めることのできる」子どもを育成するのが目的であると考える。

そのような認識から，次のような展開を考えた。

① 子どもの意識の流れを重視した授業展開

（アルファベットは教師の投げかけ，数字は子どもたちの学習活動）

A：教師が子どもの問題意識を喚起するような問いを投げかける。

1. 是非とも考えたいと思う問いをもつ。
2. 問いに関して，自分なりの予想を立てる。
3. 各自の予想をつきあわせ，吟味する。
4. 教材を読みながら，予想の妥当性を確かめる。

B：子どもの反応を適切な言葉を使って意味づけし，価値を構造的に分析させ，知的理解を図る。（板書の工夫をする）

5. みんなが立てた予想を具体的に確認し合う。
6. 予想以外の新しい考え方を見つける。

C：教師の考えも，必要に応じて子どもに問いかける。（既成概念を崩すような発問の工夫をし，価値の再構築をさせる）

7. 新しい考え方を自分の目標に照らし合わせて確認し合い，何を学んだのかを自分の言葉でまとめる。
8. 学んだことを自分自身の行動に活かそうとする。

② 「感覚と論理」の往還

①の展開を子どもたちが主体的に行うために，概念崩しを行う。それが「感覚と論理」のずれを修正する思考形成である。

例えば，「正直にすることはよいこと」「正直とは本当のことを言うこと」「本当のことを言っているAさんはいい人」という三段論法である。これは論理的には正しいと言える。しかし，本当にAさんがいい人かどうかは，それだけではわからない。むしろ，本当のことを言い過ぎるところがAさんの問題点になるかもしれないからである。「いい人」は感覚的なものの見方である。それに対して「正直かどうか」はある程度論理的に吟味・判定することができる。

この，双方の判断をどのように往還させるかがポイントである。

(4) 「きめる」学びの授業事例

① 授業の実際

授業日：2019年2月10日

教材名：「貝がら」（『ゆたかな心　4年』光文書院）

内容項目：B-(9) 友情，信頼

（Tは教師　Cは子ども）

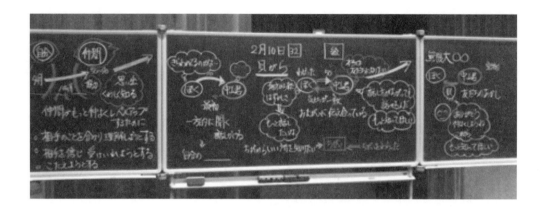

T：クラス替えをして10か月，4部4年生としてだいぶ友達レベルは上がってきたと思います。友達とよりよい関係をつくるために大事なことは何かな？

C：もっと思い出をつくったり，まだ友達の知らないこともあるから，それを詳しく知ったりしたらいいと思う。

T：では，どうしたら仲良しレベル，仲間意識が上がるのだろうか，時間をかけて詳しく知るとか，思い出づくりをちゃんとできればいいのか，『貝がら』を読みながら考えていこう。

（導入場面で，まず理論構築をさせ，その観点で「考えたい」という動機づけをしてから，教材の範読に入る）

C：中山君がしゃべらなかった理由をぼくがわかったから，仲良くなれた。

T：みんなは，時間をかけて思い出づくりをして知り合えば仲良くなれると言ったね。ところが，ぼくと中山君は，短時間で仲良くなることができた。それに対して他の友達は，仲良くなることができなかった。これはどういうことかな？

※このように，はじめに子どもたちが認識していた「仲良くなるための方法」では説明がつかないことがあるという事実を突きつけ，概念崩しを行うのである。ここでひるまずに自らのよしとする感覚から考え，論理を再構築するたくましさが求められる。これが「知的たくましさに基づく，感覚と論理の往還」である。

C：ただ時間をかければよいということではなく，相手のことをわかろうとすることが大事。

T：ぼくは中山君の何がわかったのかな。使う言葉が自分たちと違うということ？

C：そうではなくて，本当は中山君も自分のことを伝えたいと思っていることがわかったのだと思う。

※このやりとり（かけひき）が第二のポイントであると考える。表面的な読みから，内面的な読みへと子どもたちの視点を変えてやることで，本質がみえてくる。これ

が本当の知的学びであろう。そのような展開に子どもたちを導くためには、適切な問い返しが必須である。

T：自分しか見えてなかったら，相手がおかしいとしか思えない。自分のものさしでみてたら，相手は変わらないよ。自分もかわらないよ。逆にそこを違うものさしで見たら，違うことに気が付いたり，何かがかわっていったり……。それは，もしかしたら一瞬で変わるかもね。長くやればいいってものでもなさそうだね。では最後，友達がもっとレベルアップする，仲間がもっと仲良しになるために大事なことは，協力かな，詳しく知ることかな，10か月の年月かな，それ以外にもあるかな？　最初言ったこれに付け足しはあるかな？
C：相手のことを気遣ってわかってあげる。
C：相手のよくないところもいいところも受け入れてあげて，相手も自分も信じ合えるようになる。
C：仲良くなろうとする気持ちに，相手がこたえてあげることが仲間をよりレベルアップさせる。
T：こたえようとする。こたえる。一方通行じゃだめだよね。そういうふうにやっていったら，きっとレベルアップできるね。これは，みなさんにはつながらないかな？
C：つながる。
T：それを一人一人確かめて，できることをしていくことが一番じゃないかなと思います。これからも楽しみにしています。おわります。

② **考察**

以上，授業のなかで「感覚と論理の往還」に関連する部分のみをピックアップした。いずれにせよ，道徳授業を「子どもたちがいかに学ぶか」という視点で考えて授業モデルを構築することである。そのためには，子どもたちのよりよくありたいと思うよき心を信じ，性善説に立って授業展開することが肝要である。

つまり，「わかりきった答え前提で進める教師主導授業から，よき心を希求する子どもたち主体の授業への改革」，これがポイントであろう。　　　（文責：加藤宣行）

総合活動の「きめる」学び
一人ではできない価値ある活動を創りだす子どもを育てる

総合活動研究部　梅澤真一

❶ 総合活動における「知的にたくましい子ども」の姿

総合活動で育てたい「知的にたくましい子ども」は，「一人ではできない価値ある活動を創りだす子ども」である。具体的に5つの姿を想定している。その5つとは，

- 集団として活動する姿を描ける子ども
- 自分の考えをもち，表現できる子ども
- 活動の魅力を伝え，仲間を創る子ども
- 他者の意見を聴き，自分の考えを修正できる子ども
- 合意形成の方法をいくつか知っていて，状況に応じて適用できる子ども

である。

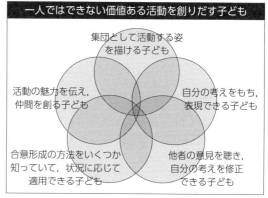

図1　総合活動における知的にたくましい子ども

めざす姿を具体的に5つ想定しているが，これらの姿が複合的に同時に見られれば，「一人ではできない価値ある活動を創りだす子ども」が育つと考えている。

❷ 知的にたくましい子どもを育てる「きめる」学び

「一人ではできない価値ある活動を創りだす子ども」を育てるための手立てとして，「きめる」学びを大切にする。

具体的には，①学び手である子どもに「きめる」機会を多く与える，②子どもが「きめる」ことや「きめ直す」よさを体感できるようにする，の2つである。この2つの手立てを大切にすることで，「一人ではできない価値ある活動を創りだす子ども」が育つのではないかと期待して取り組んでいる。

(1) 子どもがきめる機会を多くする

子どもに「きめる」機会を多く与える，つまり，子どもに判断をゆだねる機会を多くすることで，子どもは，自分の考えを明確にし，自分の取り組みたいことに進んで取り組むようになる。「きめる」活動が育むのは，意欲と思考力である。総合活動では，個人できめることよりも，集団できめることを重視している。総合活動では，一人で活動することは少ない。学校生活や学級生活を送る仲間と共に活動することが多くなる。集団活動するには，どうしても他者と合意形成や意思決定の共通化を図らなくてはならない。そのため，自己決定力や合意形成力が求められる。話し合いを通して，自分一人でよかれと思い「きめたこと」を他者と合意形成するために，一緒に活動するために「きめ直し」が求められることも多い。

「きめ直す」ことにより，「一人ではできない価値ある活動」のすばらしさに気づく。そして，合意するためのきめ直しのわずらわしさも，その先にある一人ではできない価値ある活動の達成のための試練との位置づけに変わってくる。

「きめ直す」よさを体感するには，一人ではできないことを子どもたちで話し合って実行すること，そして，何よりも「一人ではできない価値ある活動」を体験することである。

(2)「きめる・きめ直す」ことを意識した学習過程を計画する

図2に示したように，子ども一人一人が「きめた」内容について，学級の仲間と合意形成を意図した話し合いを行うことで，子どもは新たな発見をし，「きめる・きめ直す」を意識することのよさを実感する。

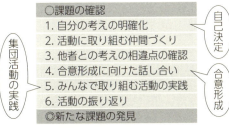

図2 自己決定力や合意形成力を育むための学習過程

❸ 総合活動における「きめる」学びの授業事例

A．筑波っ子の主張
(1) 筑波っ子の主張とは

「筑波っ子の主張」とは，子どもが同じ小学校の仲間全員に対して，「みんなで，取り組みたいことを提案する」ことである。

2018年，11月20日，27日，12月4日の3回の朝会の時間を使って，「筑波っ子の主張」を行った。

「筑波っ子の主張」は，2014年度に総合活動部が企画し，2015年度から実施している。

「筑波っ子の主張」の実践は，2018年度で4年目となった。

2014年度から，総合活動部では，総合活動でめざす知的にたくましい子どもの姿を「一人ではできない価値のある活動を創りだす子」として，その育成に力を入れてきた。

実践当初は，子どもの表現力を育成することを第一の目的として，「筑波っ子の主張」の内容については，子どもたちに「自分たちが頑張っていること，興味・関心をもっていること，研究していること，こだわっていること，夢中になっていること，熱中していることなど」として，クラスの友達，またはクラス以外の多くの子どもたちの前で表現する活動を実践してきた。

この活動を通して，発信する側は伝えたいことを明確にして，聞き手を意識して，表現する力を高めることを期待した。また，聴く側は，新たな分野への気づき，同じことへ関心をもっている仲間の発見，自分の世界を広げるきっかけになると期待した。

主張を行う際は，パワーポイントなどのプレゼンのための機器は使用しないこと，歌やダンス，演奏といったパフォーマンスはしないという約束にした。そういった表現方法に頼るのではなく，内容や自分の言葉の力で主張することに重きを置いたのである。育てるべきは，主張者の言葉の力である。

「筑波っ子の主張」は，主張したい子がいれば，だれでも主張できるような機会をつくることを大切にしたのであるが，全校児童に話を聴いてもらうとなると，時間的にも物理的にも厳しいものがあり，希望者全員が全校の前で話をすることがむずかしい。希望者には，全校児童の前で主張をさせたいのであるが，人数に制限をせざるをえない。

そのため，ここ数年の「筑波っ子の主張」は，主張をしたい多くの子どものなかからどうやって全校児童の前で主張できる子を決めるかに苦心した。代表選出に，試行錯誤が続き，時間がかかってしまった。

選出方法は次のような方法を試行錯誤してきた経緯がある。
・第1回目は，希望者に内容などを記述してもらい，それをもとに教師の方で選考した。
・第2回目は，学年ごとに予選会を開催し，子どもたち同士の投票による選考を行った。
・第3回目は，希望者が内容をポスターに表現し，一定期間掲示した後に，全校児童で投票して選考した。全校児童の前での主張者に選ばれなかった人は，昼休みの時間に任意に集まった人の前で発表する機会を設けた。
・第4回目は，24クラスで1人（組）ずつ主張者をきめた。全校児童を半分に分けて，2会場で主張してもらった。

2016年度から始まった，本校の研究テーマである「『きめる』学び」の研究の一環として，どのように主張者をきめるかについても，多様な方法で取り組み，新たな課題を見つけたり，改善に取り組んだりしてきたのである。

(2) 筑波っ子の主張の具体的内容

2018年12月4日に行った1年生と6年生の筑波っ子の主張の詳細を紹介する。

① **各代表が主張した8つのテーマ**

1部1年生　日記を書こう
2部1年生　学校で季節の野菜や果物を育てよう
3部1年生　ぼくたちの好きな音楽
4部1年生　池をきれいにしよう
1部6年生　ギネスに挑戦しよう
2部6年生　授業選択
3部6年生　Golden Time をつくろう
4部6年生　Let's 雑巾がけ

② **主張者の人数**

一人でも，数人のチームで主張しても構わない。1チーム5人以内とした。1年生でも一人で主張している子がいた。

③ **発表の仕方**

いままでと同様，パワーポイントなどのプレゼン機器は使わず言葉の力で主張することとした。ただし，自作の資料や実物は使用してよいこととした。資料や主張する子どもの表情が聴く子ども全員に伝わるように，主張する姿と提示された資料を撮影し，拡大して背面に示す援助を教師が行った。時間制限を設け，一つの主張を3分以内とした。

④ **聴く子は**

20分間で8つもの主張が次々になされると，聴く子も理解ができない心配がある。そこで，朝会の前日までに事前に主張の内容を示したカードを全校児童に配布する。そのカードには朝会で主張する内容が簡単に示されている。その下段には，8つの主張を聴いて，一番心に残った，賛同した主張に，聴き手の気持ちを記し，主張者に届けることにした。主張者は，数日すると，全校の仲間から賛同の手紙が届くことになる。多い少ないの数の違いはあるが，主張に賛同した仲間からの手紙は，主張の大切さを実感するものとなる。

⑤ **主張が実現する**

6年生が主張した，「授業選択」について，多くの子が感想文を書き，多くの子ど

もが共感した。その姿を受けて、本校教員が、子どもの主張に応え、2019年2月18日の午後に「選択授業」を実施することになった。

実施に向けての具体的な準備として、授業を行う4年生以上の担任と専科担当の教師合計21人が授業内容をA4半ページにまとめ、それを冊子にした。内容は、教師の専門教科を活かしてもよいし、そうでなくてもよしとした。

実際の授業のテーマが次のものである。

(a)「つまらないことを科学する」 志田教諭
(b)「つまようじを使って立体づくり」 盛山教諭
(c)「俳句で遊ぼう」 桂教諭
(d)「どうとくカフェ by KTO」 加藤教諭
(e)「けん玉大皿連続ギネス記録に挑戦」 中田教諭
(f)「机の上で世界旅行」 眞榮里教諭
(g)「お笑いを科学する」 青木教諭
(h)「ん あ え お で表現しよう」 平野教諭
(i)「勾玉づくり」 粕谷教諭
(j)「佐々木教諭のドラム教室」 佐々木教諭
(k)「Let's 書道〜書道のいろは教えます〜」 白坂教諭
(l)「紙コップの不思議を探ろう 紙コップで遊ぼう」 夏坂教諭
(n)「よくあがる凧を作ろう,大空に飛ばそう!」 髙倉教諭
(o)「超簡単イタリア語講座」 笠原教諭
(p)「まちもじ探検隊にでかけよう!」 笠教諭
(q)「Viscuit を楽しもう」 仲嶺教諭
(r)「苦手な野菜がある子集まれ〜」 横山教諭
(s)「短なわ2人とび」 平川教諭
(t)「パラリンピックスポーツ,ボッチャを体験しよう!」 清水教諭
(u)「つくばで筋肉体操」 齋藤教諭
(v)「# World #世界に興味あり #留学する?」 籠島教諭

聴き手の気持ちを主張者に届ける

　この冊子を子どもたちが見て，希望票に第1希望〜第3希望まで記入した。第3希望まで記入したが，原則第1希望を優先する体制をつくった。希望による授業選択だから当然人数にばらつきが生じる。しかし，多く集まっても，たとえ一人でも子どもに向き合っても，子どもの選択希望を大切にしたいと考えた。

　2月18日，4年生以上の子どもが参加した「選択授業」では，子どもたちはいきいきと自分で選んだ授業に臨んだ。それは教師も同じだった。選んでくれた子どもたちの期待に応えたいという思いである。

　主張したことが実現したことで，筑波の子どもたちは「一人ではできない価値ある活動を創り出す」喜びを体感した。

B. 全校で取り組む総合活動　ハッピージャンボ遊びの活動
(1) ハッピージャンボ遊びとは

　ハッピージャンボ遊びは，2年生から6年生の各学級または数名がグループになって，人を喜ばせる出しものを企画する活動である。多くのお客さんを集め，楽しい時間をつくりあげていく過程には，さまざまな「きめる場面」を経ていかなくてはならない。例えば，自分は○○をしたいと考えても，それと同じ考えの子どももいれば，そうでない子どももいる。○○をしたい子どもたちが集まったグループでも，計画・準備を進めていくうちに，意見が食い違うこともあるだろう。子どもたちは，数々のきめる場面を乗り越え，「一人ではできない価値ある活動」をつくり出していく。

　出しものをつくり上げていく過程で乗り越えてく「きめる場面」は大きく2つに分けられる。それは，自分は何がしたいのか，どうしてそれをしたいのかという考えをはっきりさせるという「自己決定」の場面と，仲間の意見を聞いたり，自分の考えを伝えたりして，一つのものをつくり上げていく「合意形成」の場面である。

　ハッピージャンボ遊びは一つの出しものを完成させる活動のため，「合意形成」に重きが置かれる。企画・運営に際して，友達との意見の対立・食い違いが幾度も生まれるに違いない。

　この他者との対立を乗り越えていく，「合意形成」こそが，ハッピージャンボ遊び

における「きめる」活動だと考える。

(2) 活動を振り返る場面の設定

時間をかけてつくり上げた出しものを運営した子どもは，活動の価値を自分なりに評価することだろう。それに加えて，ハッピージャンボ遊びでは全校児童による投票活動を行い，人気の活動1位から3位の表彰と6年生が選ぶ特別賞を設定する。自分たちの出しものと企画されたどの出しものが，どの程度子どもたち同士で評価されていたのかを知り，メタ認知能力を育てていく。学年の違いによってどのような活動が評価されていたのか，客観的な評価を知ることにより，次年度への活動へとつなげていく。

(3) 具体的な活動

① 出しものの企画

どんな活動をしたら，みんなが楽しめる企画になるかについて，学級やグループで話し合いを重ねる。

② ポスターの作製と宣伝をする

出しものの紹介ポスターが，中央ホールに貼られる。どのポスターも工夫されていて目に留まる。

また，昼休みに講堂での宣伝も行う。自分たちの出しもののよさ，工夫したところなど，自由にアピールする。聴く子どもも自由に参加する。

③ 当日の運営

これまで準備を進めてきた出しものを運営する。出しものを行う子どもとお客さんになる子どもを前後半交代で行う。6年生と1年生はお客さんとして1日過ごす。どの出しものも工夫を凝らしている。キャンドル作りなどオリジナルの品物をお客さんに作成してもらう出しものや，野球・サッカーなどのスポーツ大会，推理をしたり知識を活かしたりする

謎解きの部屋など種類も多い。多くのお客さんに楽しんでもらおうと呼び込みをしたり，丁寧に接客したりしている。

④ 振り返り

活動してわかったことをノートにまとめたり，参加者から寄せられたアンケートを

参照し，ハッピージャンボ遊びでの活動を振り返ったりする。さらに，来年度に向けての課題を明確にする。

(4) ハッピージャンボ遊びの成果と課題

　自分の考えを明確にして，合意しなくてはならない活動は，ハッピージャンボ遊びなど，本校の総合活動で多く見られる。一人ではできない活動で，魅力があり，合意する必要性のある活動を子どもたちに提供することが大切になる。

　実践報告の最後に，ジャンボ遊びの出しものに取り組んだ子どもの振り返りの作文を紹介する。

　「僕はこのジャンボ遊びでいろいろなことを学びました。『企画を考える楽しさ』これは僕が初めて感じたことです。なぜなら僕がいつもはリーダーをしないからです。でも今回はリーダーをやりました。なぜなら楽しそうだったからです。いつもはお化け屋敷や迷路のようなものばかりでしたが，ある日友達と話しているとよい案が生まれたのです。いつもより，とっても自分らしい『Q様DX』です。でも僕は気づいてしまったのです。それはみんなをまとまらせるむずかしさです（以下省略）」

　この子どもは自分の成し遂げたいものがあるのであるが，個人一人ではできずに，仲間と一緒に活動することになった。リーダーとして自分の考えを説明し，合意のうえで，楽しい活動をつくり上げたいと考えているが，なかなかそのようにはならない。合意形成のむずかしさを感じている。それでも，強い自己決定力があったためか，卑下していた他者をも巻き込み，見事に活動を成し遂げている。

〈成果〉
・計画運営の過程で行われた，多くのきめる場面では，自分の考えをはっきり述べる姿が見られた。
・自分の考えをみんなに伝え協力してもらおうと，努力する姿が見られた。
・企画がきまれば，仕事を分担して，能率よく活動する姿が見られた。

〈課題〉
・個々の意見をまとめて企画を立てるのに，時間がかかる。合意形成の仕方を子どもがどうしたらよいのか迷っている姿も見られた。
・出しものを学級全体で行うクラスと，やりたいことに応じて少数のグループをつくったクラスがあった。「合意形成力」を考えたとき，クラス全体での取組みとグループに分けるのでは，合意形成力の獲得にどのような違いがあるのか見極めたい。

C. 学級で取り組む総合活動　5年生「絶滅危惧種の救い方を考える」
(1) 活動について
　動物園は子どもにとって人気のある施設である。そのためか，動物園をレジャー施

設と考えている人が多い。しかし実は，日本の法律では動物園は博物館の一種である。つまり，公民館や図書館と同じ社会教育施設なのである。動物園の設置目的は，4つである。①教育，②レクリエーション，③自然保護，④研究，の4つである。絶滅危惧種の保護も目的の一つとして動物園が設置されているのである。

　子どもたちにとって，②のレクリエーションの場としての動物園は理解できているようであるが，①や③，④の機能には気づきづらいようである。また，動物園は，これら4つの目的すべてを具現化しようと取り組んでいるものの，動物園により軽重がある。②のレクリエーションの機能を重視している，例えばふれあい動物園のように動物とのふれあいを重視している動物園がある。ふれあい型の動物園は子どもに人気である。一方で，動物がどこにいるのかわからないような，動物の生息環境を第一に考えている動物園もある。展示よりも保護優先の動物園である。時には，繁殖行動が見られたという理由で展示そのものを中止することもある。動物がどこにいるのかわからない動物園は子どもに不人気であり，動物園とは言えないと憤慨する子もいる。レクリエーションと自然保護，相反するように見える目的を同時に達成しようとしているのが動物園である。

　本活動は，日本一動物の種類と来客数の多い恩賜上野動物園と，動物とのふれあいを特に重視している江戸川自然動物園の両方の動物園を見学することから学習を始めた。双方の動物園を比較することで，それら4つの目的を同時に達成するにはどのような対応が必要か子どもたちと考えてきた。それらの学習を通して，子どもたちは，動物園は絶滅危惧種の保護のためにあるのだという認識を強めた。

　絶滅危惧種を救う視点をもった子どもたちを谷津干潟に連れて行った。谷津干潟は，日本で初めてラムサール条約に批准した干潟である。この谷津干潟においても，絶滅危惧種を保護する活動が見られる。檻の中に閉じ込めて保護する動物園とは全く違い，干潟の環境を保全することで，絶滅危惧種を守ろうという取組みである。干潟観察舎には干潟の広報施設があるが，そこに所属するレンジャーは世界各国から飛んでくる鳥をはじめとする動物や生き物には一切手を触れることはない。餌はもちろん与えないし，絶滅危惧種の鳥が巣に卵を産んだとしてもそれを人工的に守ることはしない。カラスが卵を食べてしまうところを目撃しても，そのままにしておく。動物園であれば，例えばライチョウの卵が産まれれば，すぐに保育器に持ち運び，雛を孵す対応とは大違いである。

　果たして，どちらが絶滅危惧種を保護するのに役立っているのだろうか。これから先のことを考えた場合，どちらを大切にしていくべきなのだろうか。「絶滅危惧種の動物を救うのは動物園か干潟か」について多様な視点から考えた。

(2) 活動のねらい

- 動物園や干潟の観察をしたり，関係者に聞き取り調査をしたりして，動物園や干潟のよさと問題点を理解する。
- 動物と人間とがともに生きていくためには我々がどのような点に留意をすべきか考える。

(3) 単元全体の活動の様子（25時間）

第1次…動物園を見学し調査を行う（15時間）
- 江戸川自然動物園の見学と聞き取り調査
- 上野動物園の見学と聞き取り調査
- 多摩動物公園の見学と聞き取り調査

第2次…干潟を見学し調査を行う（5時間）
- 谷津干潟の見学と聞き取り調査

第3次…動物と人間の関係はどのようにあるべきか考えよう（3時間）
- 絶滅危惧種の保護の観点から動物園と干潟のあり方を考える（本時は2／3時間）

第4次…動物と人間の関係のあり方を提言する（2時間）

(4) 本時の活動（本時は22／25時間）

① ねらい

- 絶滅危惧種の保護の観点から動物園と干潟のよい点と問題点について比較し，よりよいあり方を考える。
- 自分とは違う人の意見を聴き，合意形成を意図する話し合いを通して，自己決定力を育む。

② 本時の展開　話し合いの様子

　本時学習の子どもの意見別人数と役割人数は，動物園だと思う子21人，干潟だと思う子15人，司会者3人である。

○話し合いの論題を確認する。

　絶滅危惧種の動物を救うのは動物園か干潟か

○動物園だと思う理由を述べる。
　(a)毎日，体調に合ったえさが食べられる。
　(b)病気にかかってもすぐに治療ができる。
　(c)天敵に襲われる心配がなく，卵などが食べられない。
　(d)いつも，その動物がいるから多くの動物を保護できる。
　(e)専門知識ある詳しい人がいる。
　(f)入場料で儲かる。⇒動物のためにお金が使える。
　(g)急な温度の変化に対応できる。

○干潟だと思う理由を述べる。
　(a)自然の食物連鎖が見られる。
　(b)自然でないと孵化しない動物もいるから干潟がよい。
　(c)ストレスがたまらない。
　(d)動物を仕入れなくても勝手に来る。
　(e)餌代がかからない。海から勝手に餌が来る。
　(f)レンジャーがいるから詳しいことを聴ける。
　(g)雨でも水鳥たちが見られる。
　(h)保護しないからこそ生態の研究ができる。
　(i)動物園だと習慣が変わってしまう。
　(j)季節ごとに違う鳥が見られる。
　(k)動物自身で好きな量の餌を食べられる。
　(l)水路でつながっているから、ごみが流れてきても、すぐに出ていく。
○相手の理由を確認し、質問や反論を整理する。
○グループで相談し、質問内容を考える。
○干潟から動物園に質問反論する。
　・(e)に反論　干潟にもチーフレンジャーがいる。
　・(c)に反論　食物連鎖が見られないのは不自然。
　・(f)に反論　食料は入場料ではまかなえない。動物を守るにはもっとお金がかかる。
　・(e)に反論　図鑑がある。
○動物園から干潟に質問反論する。
　・(c)に反論　動物がストレスを感じているかは正確にはわからない。
　・(e)に反論　水鳥たちがおなか一杯に食べているかはわからない。
　・(f)に反論　動物園にも同じような人たちがいる。
　・(l)に反論　ごみが流れていかないこともある
○話し合いを振り返り、相手のよかった点を述べる。
　⇒教師が相手の納得できるところはないかと問う（合意形成をめざす話し合いをうながすために教師が発問したが、授業後に指定討論者から唐突すぎるという批判的な指摘があった）。
○司会者が相談し、合意の結果を表明する。
　3人の判断はそれぞれ、干潟、動物園、動物園であった。
○話し合いについて振り返りノートに考えたことを記す。

③ 授業後の子どもの考察から

子どもの授業後のノートの記述を紹介し，この話し合いにおいて，思考が深まったのか否か，考えていきたい。

「僕は討論で，絶滅危機の動物を救うには，干潟がよいと思いました。なぜなら，干潟は動物園とは違い移動が自由なので，狭い檻に入れられて，無理やり研究実験に使われている動物園の動物たちよりも，楽しくてストレスがないと考えたからです。カバを例にあげると野生のカバはとても広い川に住んでいますが，動物園ではただの小さな池に住んでいます。このことから，動物園の動物は干潟の生き物よりストレスが大きいと思いました。

あと，もう一つ干潟を選んだ理由があります。それは，自分の意思で好きなときに好きな餌を食べることができるからです。動物園の動物の餌は人間が量や種類をきめているので自分の意思で食べることができません。

また，動物園で繁殖に成功したとしても自然に戻すのはむずかしいのではないでしょうか。もし，自然に戻せたとしても動物園での習慣が身についているために，自分で餌をとることができずに，生き残ることができないと思います（略）」

④ 成果と課題

全校で取組みを進めた「筑波っ子の主張」や「ハッピージャンボ遊び」，各学級の主体性を大切にした「学級総合」の活動では，冒頭に示した5つの力が育つ。

「学級総合」は担任と学級の子どもの興味関心を大切にして活動内容をきめる。教師の個性が大きく反映される活動である。学級集団として，何をすべきか，その都度，子どもたちと話し合い，合意形成し，実行していく実践であった。

学級総合の実践では，自然保護の視点で動物園と干潟を比較した。子どもの価値観を大切にして，自己決定力が養われた。正解は一つではない，大人も迷う課題を考えたため，学級内での合意形成はむずかしかった。ただし，合意をめざし，自分の考えを相手に伝え説得する活動を通すことで，深い学びが成立したと言える。

一人ではできない価値ある活動を創り出すためには，自己決定力とともに合意形成能力の育成が必要である。

英語活動の「きめる」学び
「きめる」場の設定で表現を広げる英語授業

英語活動研究部　荒井和枝

❶ 英語活動で育てたい知的たくましさ

　母語ではない言葉の学びは、学んだ言葉で相手に思いを伝え、相手とのやりとりを通じてコミュニケーションの楽しさを実感できる。一方で、できないことに向き合うことも多々ある。言いたいことが言えないもどかしさや、言っていることがわからないなどのむずかしさに直面する。そのようなときにどのように対応するか。「英語でのコミュニケーションはできない」とあきらめる子どもではなく、「英語でも聞いてみよう、言ってみよう、相手と関わってみよう」と挑戦できる子どもの姿をめざしたい。

　それは、単に言語の知識を増やすことだけが小学校英語の役割ではなく、言葉の学びを通して、失敗を恐れずコミュニケーションを図ろうとする姿を育てることが大切だと考えているからである。そして、教室空間から少し世界を広げ、異なるバックグラウンドをもった人たちとも関わりながら生きていける子どもたちを育てたいと考えている。

　具体的に、英語活動研究部で考える知的にたくましい子ども像は、次のような姿である。

・英語によるコミュニケーションにおいて、主体的に、相手意識をもちながらあきらめずにコミュニケーションを図ろうとする子ども
・英語の音声に慣れ親しみながら、コミュニケーション場面に応じた表現を理解し、場面に応じて言葉を選び、使おうとする子ども
・英語を通して相手と関わり、言葉を学ぶ楽しさを味わいながら、表現方法を追求し、さらに学び方を追求しようとする子ども

　このような子どもたちを育てるためには、「きめる」学びの研究において、2つの要素が必要であると考えている。知的たくましさを支える力となる資質的な要素と能力的な要素である。

資質的な要素のキーワードは，①主体的に学ぶ，②英語でのコミュニケーションにチャレンジする，③あきらめない，失敗をおそれない，などが中心となる。ポイントは，①英語でコミュニケーションを図ることに主体的に取り組むこと，②言語を習得する過程で，失敗をくり返しながら学ぶことを経験し間違いを肯定的にとらえたり，英語でできることを少しずつ増やしたりすることで，何とか英語でコミュニケーションをしようとチャレンジする資質を育むこと，と考えている。

能力的な要素のキーワードは，①推察力，②場に応じて表現する力，③人と英語で関わる力，があげられる。それらは，母語のように言いたいことが言えない，わからないという環境でも，既習の知識を活かしながらコミュニケーションを図ろうとする力を意味している。特に小学校段階では，英語を聞いて理解する（英語のまま理解していく）という経験を十分にすることで，推察力をつけることが重要だと考えている。日本語を介さず視覚資料などをヒントに内容を理解していくことは，能力的資質の基礎となる。そして聞くことから話すことへつなげていき，自分の知っている言葉や表現方法を駆使して伝えようとする能力を育成する。また，実際に英語を使ってコミュニケーションをする場を積み重ねることで，人と関わる力を育むことをめざす。

これまでの小学校で大切にしてきた意欲や態度だけでなく，言語的な学びを積み重ねることも重視している。資質的な要素と能力的な要素が互いに補完し合いながら知的たくましさを深めていくイメージである。

❷ 英語活動における「きめる」学びの授業づくり

「きめる」という視点でinputからoutputの段階を踏む英語学習をみると，およそ5つの「きめる」場が想定される（図1）。

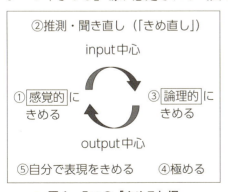

図1　5つの「きめる」場

まず①は，言葉の情報を受け取って，「わかる」「わからない」の判断を直感的にする感覚的にきめる。次に②では，聞き直しをくり返しながら情報を推測し，自分の理解を確認していく（きめ直し）。そして③では，知識として必要なことを獲得しながら，場面に応じた表現を論理的に理解していく。④では，練習を通して表現を極めることをめざす。そして，最終的には，言いたい，伝えたいという思いを言葉として「きめ」ながら，柔軟にコミュニケーションを図れるように表現を広げていく。このような「きめる」場を授業のなかでくり返し経験しながら学習

ていることがわかる。

　では，それぞれの「きめる」場が，英語における知的たくましさとどのように関連してくるか，子どもの気持ちを中心にみてみる。

① **感覚的にきめる**【主体的に関わり大意がわかるかどうかについて考えをきめる】
　・何を伝えようとしているのかな？
　・こんなことを言っているのかな？
　・○○に近い言葉が聞こえた。
　・初めて聞く単語・表現だな。
　・言っていることがよくわからないな。

② **推測・聞き直し**【推察しながら，くり返し聞き直す】
　・わからないからもう一度聞き直そう。
　・キーワードは何かな？
　・ヒントを参考にしよう。
　・友達はどう聞こえたか聞いてみよう。

③ **論理的にきめる**【言葉の意味を自分なりに考えながら理解しようとする】
　・○○の音が聞こえたから，言いたいことはたぶん□□だろう。
　・この場面で使う表現は△△だ。
　・この言葉を文字で表すと○○になるのかな？
　・言葉の順番は○○だ。

④ **極める**【自分なりに英語らしく発信できるよう練習しようとする】
　・わかったところを言ってみよう。
　・英語らしく表現するコツは何かな？
　・相手に伝わりやすい表現にするにはどうすればいいかな？

⑤ **自分で表現をきめる**【自分なりの表現を考えコミュニケーションにつなげる】
　・これを英語で言いたいけど，英語でどのように表現すればいいのかな？
　・前に使った△△の表現は使えるかな？
　・相手の言いたいことがわかったから○○と返事をしよう。

　子どもたちから発せられるこれらの言葉や引き出したい考え方は，育てたい資質的・能力的な要素が表出してきたものともいえる。そこで，授業改善においては，図1の5つの「きめる」場をより焦点化し，それぞれの段階で知的たくましさを育てられるかを実践する。

3 英語活動における「きめる」学びの授業モデル

(1) 授業モデル1：英語の音を聞くことを中心に，くり返し「聞き直す」（きめ直す）ことに焦点をあてて，理解につなげる授業

　授業モデル1の場合，図1の①〜③の情報を聞く場面で，英語表現や歌など相手の伝えたいことを本当に理解できているかということを追求する。特に，子どもたちが感覚的にきめる場を重視している。すべての情報がわからないという状況をあえてつくり，教師とのやりとりや友達との学びのなかで理解していくことを重視する授業である。

　具体的に言うと，学ぶ表現を教師から提示して，すぐに練習するというスタイルではなく，まずは「何となくこう言っているのかな……もう一回聞こう」「よくわからないけど……きっとこの意味かな？」と英語と向き合う時間をそれぞれの子どもが十分に体験することを重視する。その状態のなかで，くり返し聞き直すことをうながす。そして，その学習のなかで，ヒントや友達との協力によって，何となくの理解から，「聞こえた！　わかった！　そういうことか！」といった理解を一人一人が実感できる活動を段階的に仕組む。そして，自分なりの納得や理解を「きめる」ことができる授業である。

活動：中〜高学年　Jump rope song を聞いて遊ぼう

　まずは縄の実物の一部を見せてすぐ隠し，"What's this?" と尋ねる。子どもたちの想像を膨らませながら質問を続け，「縄跳び！」と正解が出たところで，"That's right. This is a jump rope. Do you know any jump rope songs in Japanese?" と日本語で縄跳び歌を知っているか尋ねる。すると，子どもたちからは「『お嬢さん　お入んなさい』ならやったことあるよ」「『郵便屋さん』も知っている」などの答えが返ってきた。「日本に遊び歌があるなら，海外にも同じような遊び歌があるのかな？」と問いかけ，"Look at this picture." と写真を見せた。子どもたちは，海外でも同じように縄跳びで遊ぶということに興味をもってくれたので，海外で見た縄跳び歌の様子を

"Let's listen to the jump rope song together!" と言って動画を見せた。動画はネイティブの子どもたちが歌っているので，速くてなかなか聞き取るのがむずかしい。だが，最初に聞かせるときは，内容のすべてがわからないという状況をつくり，「もう一度聞いてみたい」という思いをもたせることを意図としているのでそのまま

聞かせる。次に，歌の最後に出てくるフレーズに焦点を絞って聞かせる。そこではアルファベットが順に出てくるので，「途中でストップしたら何が聞こえてきた？」と問いかけた。「アルファベットが聞こえたよ！」と多くの子どもたちが反応できた。「次のアルファベットは？」と尋ねて一緒に確認し，歌の一部がわかった安心感をもたせ，聞き直しながら理解する場面に移った。

最初の部分は，「この写真のことを歌っているよ」とヒントの画像を見せて，再度聞かせる。わからない子どももいたので，"This is something to eat."と食べ物だというヒントを出した。子どもたちがある程度予測をしながら聞いてみると，「アイスクリームって聞こえた！」「ソーダとも言っていたよ」などの声があがった。だが，最後まで③がわからなかったので，子どもたち同士で予想させた。"What do you want for ice cream soda? Any ideas?"との質問に対し，子どもたちはそれぞれ「バナナ」「リンゴ」「オレンジ」「チョコレート」「チェリー」などと予想をし始めた。それぞれの予想を英語らしい発音で確認し，最初の音が何であるかに着目させた。banana だったら {b}，apple だったら {æ} という具合である。そして再度聞かせると，少しずつ聞こえてくる子どもが増えてきた。「cherry に近い音だった」「絶対に cherry」という反応になり，確かめに入った。再度一緒に確認してみると，やはり cherry であることがわかった。最後は，「cherry はどこにあるのかな？」と場所を尋ねて"on the top"の表現に

つなげた。"on the top"の表現は音が連結しているのでなかなか聞き取れない。"□ the top"というヒントを出すと，子どもたちは既習の知識を活かして考え始めた。「物は上にあ

```
        Jump Rope song
① Ice cream soda
② Cherry on the top
③ Who's your boyfriend/girlfriend?
④ I forgot.
⑤ It's A, B, C, D…Z
```

るよね」「上だから up じゃないの？」「入っているから in も考えられるよ」「ソーダの上にあるから on だと思う」など子どもたちはこれまでの学習と活かした予想をした。そして くり返し聞き進めていき，"on the top"の３音のつながりであることがわかった。

子どもたちは，最初にこの歌を聞いたときには一部しかわからない状態であった。だが，くり返し聞き，焦点化しながら既習の知識を活かして聞き直し（きめ直し）ていくことで全体がわかっていく経験ができたようだ。この聞き直しをくり返すことが，「自分で聞けた」という自信につながり，新たな場面においてもあきらめずに聞いて

第2章 各教科・領域における「きめる」学びの考え方と授業事例 ● 英語活動

みようとする姿勢につながると考えている。

(2) 授業モデル2：一人一人の子どもが，コミュニケーション場面に合った言葉を選択しながら「きめて」表現を広げる授業

　授業モデル2では，ある程度子どもたちのなかに語彙が定着した後の，図1の④〜⑤の発信段階において「きめる」場を設定した。子どもたち自身が授業のなかできめる要素は2つある。1つ目は，既習の知識を生かし自分の言いたいことを選択してきめること。そして，2つ目は子どもたちが「こういう風に伝えたいけど何というのかな？」「この言葉を知りたい」という思いをもち，やりとりのなかで言いたい言葉（表現）をきめることである。

　既習の知識を活かし，そのうえで新たに言葉が必要な場面を設定することで，自らコミュニケーションを図ろうとする力を育てることをねらいとする。子どもが答えに迷ったり，少し困ったりするコミュニケーション場面をしかけとして仕組み，その過程で英語表現を獲得していくという授業づくりである。子どもたちにとっては，やりとりのなかで自分なりに言葉を出力し，相手に伝えようとすることが目標になる。

活動：4年生　形や色，大きさを扱ったカードゲーム

　授業の概要は，形や色，大きさなどの表現を学習し，それらの言葉を使ってカードゲームをすることである。そのゲーム活動の過程で，"What color?（既習）""What size? / How big?（新出）""How many circles?（新出）"などの表現を子ども自身が場面に応じて学べるような場を設定する。

　まず，レベル1として，形の語彙が定着し終えた段階でカードゲームをする。「先生が言うカードを1枚だけ取ろう」と指示して，カードを取らせる。"A circle."と言ったならば，子どもたちはその単語を言いながら○が描いてあるカードを取る。この段階では普通のカルタゲームの要領である。

　次に，「レベル2の形カルタをしよう」と投げかけ，代表の子どもに黒板でカルタをさせる。ただし，「レベル2だから少しカードが変わるよ」と伝え，カードを増やす。この際，形カードは1色ではなく，青，赤，黄，緑というように色がバラバラになっている。だが，子どもたちがカードを取る際にはあえて"A circle."と伝えた。すると，子どもたちはあれ？と戸惑った。"circle"

147

はわかっても，そのカードがどの色かわからないためである。子どもたちは「あれ，どれが正解？　どっちかわからないよ」と素直に反応する。そこで，「何がわかったらできそう？」と問い直すと子どもがすかさず「色！　何色か知りたい」と色について言及した。そこで"Color? Oh, you want to know the color."と言って，色が何かについて聞かなければできない場面をつくった。周りの子どもたちも「色を聞かないとだめじゃない？」とアドバイスする。そこで，子どもたちは色の尋ね方，"What color?"という表現が必要であることに気づいた。子どもたちは以前に学習した表現を選択し，使うことができた。そして，"What color?"という子どもの質問に答えて，色も加えた"A red circle."と指示を出し，ゲームを進めた。その後，"What color?"を使わないとカードが取れない場をたびたび仕組み，グループごとに活動させた。

　レベル3の場面では，色に加えて，数と大きさが違っているカードも入れた。例えば，教師が"triangles!"と言っただけではカードはとれない。すると，子どもたちは数を聞きたくなる。

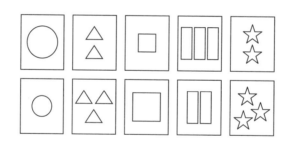

「△のカードは数を聞かないとわからないよ。数を聞くときにはどう伝えればいいんだろう？」という声が出てきたときに，"How many triangles?"と聞けばいいことを共有し，練習する。また，この場面では，形の数は同じでも，大きさが違っているものも含まれる。そうすると「大きさを聞きたいけど，『サイズ』でいいのかな？」といった声が聞こえてきた。そこで，"Big or small?" "How big?" "What size?"などの大きさを尋ねる表現を提示し，子どもたちが使えるようにした。全体で確認した後で，グループごとに活動を行った。

　この授業では，子どもたちがゲームのなかで「このときは何と聞けばいいのだろう？」と思ったときに，教師側から表現を提示し，子どもたちが場に応じて言葉を獲得していくという過程を踏んだ。どうしても聞かなければゲームが進まない状況をあえてつくることで，子どもたち自身がやりとりの言葉を「きめ」ながら全体の学びにつなげる授業となった。そして，表現を選択しながら「きめる」場を設定することで相手に伝える必要性を深め，やりとりを楽しむ授業の一例となった。

(3) 授業モデル3：子どもの思いを「きめて」表現を広げ，共有しあう授業

　授業モデル3は，子ども自身の思いを中心にして，言いたいこと，伝えたいと思える場をつくり，共有し合い学びを広げていくものである。図1の⑤の段階のコミュニケーションで，伝えたいことを子ども自身がきめることでお互いに学び合う機会をつくる。

活動：5・6年生　世界に一冊だけのオリジナル encyclopedia = 英語百科事典を作ろう

　この活動では，自分が好きな物事について英語で何というか調べてまとめ，クラスメイトの「好き」と「情熱」の詰まったクラスで一冊のオリジナル百科事典ページを作る。そして，好きなものやテーマについて英語で何というか尋ね合うことを目標とする。まずは教師の事典ページを見せながら，"I like movies very much. I watch movies every weekend. So my word is a <u>movie</u>. My favorite movie is <u>Titanic</u>. This is <u>Leonardo DiCaprio</u>. He is from <u>America</u>. He is an <u>actor</u>. This is <u>Kate Winslet</u>. She is from <u>the U.K</u>. She is very beautiful. This is <u>the movie poster.</u>"……と語る。自分のポスターをヒントにテーマは何であったか，下線で示したキーワードとなる用語を中心にやりとりをする。

　教師のモデルを見せ終わったところで，自分オリジナルの作品作りをすることを指示して，自分だったらどんなページを作りたいか，どのようなテーマが思い浮かぶか尋ねた。それぞれの思いを中心に考えきめさせる場面である。子どもたちはそれぞれに思いがあるが，英語での表現はわからない。もちろん，すべての英語を表現することが目標ではなく，英語で何と言うのか知ってみようという思いを育てることが目的である。そこで，辞書や picture card などを活用するようにうながし，ポスター作成を行った。テーマはそれぞれであり，swimming や frog といった子どもたちが身近に感じているものを通じて英語の表現を広げることができた。一冊の辞書を完成させてから，子どもたち自身が発表し，それぞれの英語のキーワードを学び合った。「きめる」場を子どもたちにゆだねることで，言葉の学びがよりいきいきとした授業となった。

ICTで支える「きめる」学び
知的たくましさを育むためのICT機器の活用

情報・ICT活動研究部　山本良和　北川智久　眞榮里耕太　平野次郎　青山由紀　鷲見辰美

❶ ICTの特性に基づくICTを活用した「きめる」学び授業モデルの構築

「きめる」学びの授業におけるICTの活用場面を分析した結果，まず明らかになったことは，次のようなICTの9つの特性を複合的に活かしているということである。

- ・視覚化（見せる，消す）　・加工（形を変える，色を変える）
- ・理想化・仮想化（視点や視野を制御する）　・くり返し（リピート）
- ・共有化（無線LAN…写す，映す，移す，とばす）　・再現性（再生する）
- ・焦点化（アップとルーズ）　・試行錯誤の容易さ（書き込む，色を塗る，消す）
- ・フィードバック・確認（重ねて，続けて再生して比較する）

そのねらいは，子どもの主体性を引き出す，「きめる」までの思考過程を顕在化する，「きめた結果（内容）」の活かし方を明確にする，の3つである。

また，ICTの活用の場は，次の3つに整理される。
① 「きめる」場，「きめ直す」場としてのICTの活用
② 「きめる」をうながす情報を教師が提示するためのICTの活用
③ 「きめ直す」ための情報を子ども間で共有する手段としてのICTの活用

これら3つの活用場面に焦点を当ててICTを活用した授業を整理すると，次の4つの授業モデルを抽出することができた。

① 「きめる」場，「きめ直す」場としてのICTの活用

② 「きめる」をうながす情報を教師が提示する手段としてのICTの活用

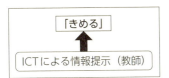

③ 「きめ直す」ための情報を子ども間で共有する手段としてのICTの活用

④ ICTの活用の仕方である①②③を組み合わせたICTの活用

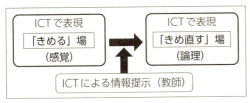

❷ ICT活用による各教科・領域の能力的要素の育成

　これらの授業モデルをもとに，「きめる」学びでめざす知的たくましさの育成とICTの活用との関連を検討した結果，以下のような効果が認められた。

(1) 「きめる」場においてICTを活用する効果

【体育科】「長縄2人跳び」でICTを活用し，運動の動画と静止画を加工し，運動のポイントを示した。実際には目に見えにくい縄の位置を白太線でなぞることで，子ども自身に運動の留意点を意識させるとともに方法をきめさせる。ICTを活用したことによって集団で運動のポイントの視覚化，焦点化，共有化が図られ，子ども同士のアドバイスも効果的に行われた。これは，集団で「きめる」効果にもつながっている。
育成された能力的要素⇒運動に対する論理的な思考力，運動のポイントに応じた動き

【図画工作科】図画工作科の表現領域の学習活動を通して育くまれる知的たくましさにつながる子どもの姿は，「自分の表現を確かめる」姿である。そこで，タブレットで「ストップモーションアニメーション」の表現を採り入れた。「つくる」→「撮る」→「確かめる」の流れを子どもが自然にできる環境を用意することで，結果的に子ども同士が「きめている」ことを確かめ合う姿を引き出した。子どもが「吟味や再考」「次の手を考える」ということを自主的，意図的に「確かめずにはいられない」場を設定することで，知的たくましさを育んでいった。

育成された能力的要素 ⇒俯瞰する力，吟味や再考，次の手を考える思考力と態度

(2) 「きめ直す」場においてICTを活用する効果

【体育科】運動学習では，子どもは「きめる・きめ直す」を即時的に連続して行っていく。通常，その評価は主観的なものであるが，タブレットを用いることで，事実としての動きをもとに評価できるようにした。これまで感覚的にきめたり，きめ直したりしていたことが，事実をもとに検討されることで明確な根拠をもとにした思考力や判断力の育成につながった。また，他者を意識した演技構成の具体化や，互いに具体的なアドバイスができるという表現上の効果も見られた。

育成された能力的要素 ⇒明確な根拠をもとにした運動に関する思考力や判断力

【音楽科】「音をあてはめる」作業のような状態になりやすい音楽づくりの活動を，ICT（使用アプリ：GarageBand）を用いて子ども自身がさらによい作品をつくりたいと思うようにした。フィードバック再生によって，客観的に音楽をとらえることがむずかしい子どもも和音と旋律を同時に聴くことができるようになり，「もっとよくしたい」という「きめ直す」きっかけとなる子どもの思いを引き出すことができた。

育成された能力的要素 ⇒よりよい音楽づくりを自ら追求しようとする態度

【図画工作科】図画工作科の授業に「動画づくり」を活用し，造形遊びをするとともにそのプロモーションビデオづくりを行った。ICTを活用しない場合と比較すると，仲間と相談する姿が現れ，友達の工夫を意識した。また，つくっている途中の過程を意識するとともに，選択的注意が働くなどの効果が上がった。

育成された能力的要素 ⇒活動内容および表現内容に関する子どものモニタリング能力

(3) 「きめる」場⇒「きめ直す」場においてICTを活用する効果

【国語科】説明文「すがたをかえる大豆」（光村図書3下）の授業でデジタル教科書を用い，自分が考えていることをマッピングやマトリックスの形に整理した。自分が「きめた」ことを視覚的に整理し互いに見せ合うなかで，教師の指示がないのにタブレット上で再び作業して最初とは違う方法でまとめ直した。ICTの特性の一つである試行錯誤の容易さが，子どもに「きめる」→「きめ直す」をうながした。

育成された能力的要素 ⇒常に考えを更新し続けようとする態度，国語科における「情報と情報の関係」や「情報の整理」に関する思考力

(4) ICTの活用によって育まれる知的なたくましさ（能力的要素の共通点）

・諦めずに粘り強く追求しようとする態度
・自他の活動や考えを確かめるモニタリング能力
・自らの課題に対して根拠をもとに筋道立てて考えていく力（論理的な思考力）

（文責：山本良和）

❸ ICT を活用した「きめる」学びの授業事例

(1) 授業事例1（「きめる」場）【図画工作科】「タブレット」で見てみよう
（2年生／なにに見える？　このもよう）

① デジカメやタブレットで撮ると

　子どもに自分の作品を自分で撮影させると、「どこから撮ろうかな」と、撮影の方向（＝鑑賞の方向）を考え始める。同時に、作品をよく見るようになる。表現モードだった頭が、鑑賞モードに切り替わるのである。カメラでの撮影を子どもにゆだねることで、表現と鑑賞をスイッチすることができるのだ。

② カメラで撮って見立てる

　絵の具でつくった偶然の模様を改めて見つめると、「〇〇に見える」といった見立てがおこる。絵を描き加えることで模様を変身させたり、楽しい絵に仕上げたりする図画工作の授業がある。そのような場面では、絵を横にしたり逆さにしたりしてさまざまに見立てたうえで「これだ！」ときめさせたい。感覚的にきめるよさは認めつつ、よりよい見立てがないか模索するなかでの新たな気づきや学びを求めたいからだ。ICT を活用すると、個人内での比較検討や、友達を巻き込んでの情報交換・比較検討が活性化する。

　撮影は、絵の具の模様が乾いていなくてもできるので時間の有効利用にもなる。タブレットで撮影した画面のなかに見立てた絵を描き足していくことは容易で、くり返し試したり消したりできる。同じ模様からの見立てを友達と描き比べて見せ合えば、感じ方の違いからの学び合いが生じる。描いた絵をタブレットで再生して比較検討すれば、よりよい自己決定が得やすくなる。

　この授業スタイルは、ある授業の参観から生まれた。その授業では、元となる絵の上に透明なシートをかけて、シートの上から絵を描かせていた。効果はあるが、教師の準備やシートの貼り替えは容易ではない。ICT を使うと、子どもが自分の考えでどんどん動き出せた。

③ 子どもが使いこなせる機能・操作性

　右の写真では、写した写真に描き込む姿と実際の画用紙を指さしながら互いの見立てを伝え合う姿が見られる。これも子どもにとって伝え合いやすい方法である。例えば「魚が見える」と双方が言っても、向きも大きさも違う魚を見立てていることもある。互いに主張したり共感したりしながらの情報交換や比較検討の末によりよくきめる場面がやってくる。

子どもが主体的にきめるためのICTの利用においては，子どもが使いこなせるようなわかりやすい機能や操作性が重要であろう。　　　　　　　（文責：北川智久）

(2) 実践事例2（「きめ直す」場）
　　【体育科】「タブレット」の活用（4年生／シンクロ前転）

グループに1台のタブレットを用いて，パフォーマンスづくりの際の「きめ直し」の根拠として活用した。

① グループで動きをつくる

今回は，マット運動で前転を用いてグループごとにパフォーマンスづくりに取り組んだ。技を一つに絞ったのは，パフォーマンスのできばえを技の難易度ではなく，各グループの動き方の工夫が明確になるように，と考えたからである。

具体的には，動き出すタイミングをずらす，そろえる，動く方向をずらす，合わせることを効果的に使うことをきめさせた。

はじめは，ノートなどを使って動きのイメージを共有し，実際にマットの上で練習を開始した。動き始めると，イメージしていた動きと実際の動きに隔たりが出てくる。また，動きの成果を確認したいという声も出てくる。

② 映像を使って動きを確認する

グループでパフォーマンスをしている様子を他のグループが撮影する。自分が運動をしている姿やタイミングがそろっているかを自らの目で確認することはむずかしい。その点でタブレットで映像を撮ることは非常に効果的である。これまでは，仲間か他のグループに動きを観察してもらいフィードバックしてもらうことが一般的であった。しかし，動きを再現するということがむずかしいので，そのフィードバックは主観的なものであったり，動く瞬間を見とれなかったりして

いた。そのため，きめ直しの場面でも，思いつきなど，きめ直しに至らないことも多くあった。

これまでは，感覚的にきめたり，きめ直したりしていたことが，タブレットを活用することによって，思考や動きの根拠をもたせやすくなると考えた。それは，自分たちが考えている動きのアイデアと実際の動いている姿をつなぎ合わせることができるからである。また，仲間に伝える側にとっても事実としての映像が残っているのでアドバイスをしやすくなったことも成果である。

（文責：眞榮里耕太）

(3) 実践事例3（「きめ直す」場）【音楽科】「聖者の行進」（3年生／器楽）
・使用機材：iPad, Bluetooth レシーバー
・使用アプリ：Anytune Pro, GarageBand　　・使用形態：教師が1台使用

① 器楽＋音楽づくりの実践として

　器楽の活動として，「聖者の行進」は幅広く実践されている。今回はきめる学びを意識して「器楽＋音楽づくり」という視点で授業を構成した。教科書などに掲載されている楽譜はあらかじめ1，2，パートが示されている。すなわち，きめられている。この状況で「きめる」学びを取り入れると子どもたちは細かな表現方法（強弱，表現技法など）をきめていくことになるのだが，「きめる」が見える形にはなりにくい。

② 冒頭の4小節をまずは手拍子から

　実際の授業では，まず冒頭の4小節を取り上げる。その4小節だけを使って，呼びかけたりこたえたりしていく。まずは教師が手拍子（Aの部分をソシドレのリズムで）をして，子どもたちはその手拍子にこたえる（Bの部分でこたえる）。これを何度かくり返していると，教師とは違うリズムを表現する子が出てくる。まねをしている状態からまねをしない状態，言い換えると「リズムを自分できめて表現する姿」となる。最初は教師⇔子どものやり取りだが，子ども⇔子どものやり取りに広げていく。

　次にリコーダーを使って呼びかけたりこたえたりしていく。教師がリコーダーで「ソシドレ」と呼びかけて，子どもたちは「ソ」の1音だけを使ってこたえる。先ほどリズムを手拍子で表現しているので，ここに困難さを感じる子は少ない。

③ 「きめる」を支えるICT活用

　きめる学びを支えるICT活用はこの場面から効果を発揮する。子どもが何もない状態から表現していくのはむずかしいので，GarageBandで作成した音源を使う。ここでの機能は［くり返し］［加工］である。冒頭の4小節をくり返すように設定して，子どもが試行錯誤できる場面を確保する（誌面の都合で詳細は示せないが，Gの和音がくり返し再生できるように，ギターやピアノなどの音色で作成する）。また技能的にむずかしい子には，音源を加工して速度などを調整する。これらはリアルタイムで操作できるので，ピアノなどが苦手な教師にとっても心強い。教師→子どものリコーダーでのやり取りの後は，二人組で冒頭の4小節の表現を考えていく。また，活動に慣れてきたら，使う音を「ソ」の1音から「ソラシドレ」の5音に増やしたり，冒頭の4小節だけでなく楽曲全体を通して2パートをつくったりする活動に広げていくこともできる。

（文責：平野次郎）

(4) 実践事例4（「きめる」場⇒「きめ直す」場）
【国語科】学習者用デジタル教科書の活用（3年生／説明文）

一人1台タブレットを用い，学習者用デジタル教科書（以後，デジタル教科書と記す）を活用した説明文「すがたをかえる大豆」（光村図書3下），「こまを楽しむ」（光村図書3上）を例に述べる。

① 個の考えをつくる段階 〜全員が「きめる」〜

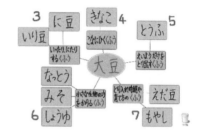

「〈中〉には，どんなことが説明されているのだろう」という課題に，子どもたちは本文ビューをサイドラインで色分けしたり，［マイ黒板］機能を使って本文から食品名を抜き出して整理したり，［道具箱］機能を使ってマッピングしたりとそれぞれ使いやすいツールを使い，すぐに自分の考えをつくり始めた。

子どもはタブレットに向かって，まずはアクションを起こす。間違えたり考えを変えたくなったりしたら，すぐに修正すればよい。デジタルは試行錯誤しやすいため，全員が考えを「きめる」ことができる。それにより，次の「きめ直す」段階に進むことができる。

② 考えを変容する段階 〜「きめる」から「きめ直す」へ〜

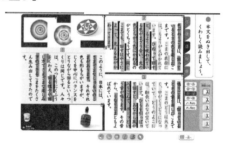

デジタル教科書上に視覚的に表現されたものは，思考レベルでの比較も推測もしやすい。右は，友達の画面を見て，自らの学習履歴を振り返って見ていた［マイ黒板］（3上「こまを楽しむ」）の画面である。

最初に自分が「きめた」考えを「きめ直す」には，友達と画面を見せ合うことに加え，それまで身につけた学びと関連づけることも

マイ黒板（3上「こまを楽しむ」）

大事な要素である。再現性や記録性というデジタルの特性と，視覚が記憶の想起を助けるという性質から，デジタル教科書の活用は「きめ直す」ことに有効であった。

③ 個の考えを再構築する段階 〜論理的に「きめ直す」〜

対話や交流を経て，最終的な自分の考えを「きめる」。自分のデジタル画面を使い，自分の考えを他者に論理的に説明することが必須となる。論理的思考力の育成という点からも，子どもが自ら働きかけやすく「わかったつもり」に陥りがちなデジタル教科書の特性からも，この論理的な「きめ直し」が重要なのである。（文責：青山由紀）

(5) 実践事例5（「きめる」場⇒「きめ直す」場）
【理科】ビジュアルプログラミングの活用（6年生／電気の利用）

電気の利用単元で，活用として「疑似エレベーター」づくりに挑戦した。電気の利用単元では，電気が光，熱，音，動力などに変換されて利用されていることを学ぶ。その活用としての学習になる。

① 電気を有効に利用するために

電気を有効に利用することを考えてプログラミングを行う。MESH，スクラッチ，マイクロビットなど，電気制御ができるビジュアルプログラミングを使っての活動になる。明るさセンサーを使って，明るさの変化で電気を制御するプログラムを組み，効率的な電気の利用を考える。

② ビジュアルプログラミングを利用して身近なシステムを考えてみる〔理科〕〔総合的な学習〕

日常の社会が，プログラミングとは切っても切れない関係にあることを知り，その一端のシステムを考えてみる。エレベーターのボタンを押すと，エレベーターの階が表示され，エレベーターが動く。そして，エレベーターが目的の階に到着すると停止するシステムを擬似的に考える（「きめる」）。

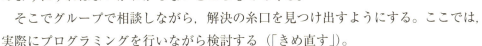

これまで学習に利用してきたどのビジュアルプログラミングを使えば，エレベーターのシステムに近づけるかグループで考える。具体的にプログラミングするのは，個々で白板に書いて行う。

ここで白板にプログラミングをしてみると，どのようにすればよいかわからないところもでてくる。

そこでグループで相談しながら，解決の糸口を見つけ出すようにする。ここでは，実際にプログラミングを行いながら検討する（「きめ直す」）。

個々のプログラムを修正したり，使うプログラミングソフトを変更したりしながら，エレベーターのシステムに近づけるようにしていく。実際には次のようなシステムになる。

・マイクロビット：ボタンが押されるとモーターが動き，3，2，1と表示してモーターが止まる。
・MESH：ボタンが押されるとモーターが動き，人を感知するとモーターが止まる。
・スクラッチ：ボタンが押されるとモーターが動き，3，2，1と表示した後モーターが止まる。

（文責：鷲見辰美）

筑波大学附属小学校　研究同人

学校長　片平 克弘（平成27, 28年度）　甲斐 雄一郎（平成29年度〜令和元年度）
副校長　森田 和良（平成27, 28年度）　田中 博史（平成29, 30年度）　佐々木 昭弘（令和元年度）
研究企画部
　部長　夏坂 哲志
　部員　青木 伸生　　由井薗 健　　中田 寿幸　　佐々木 昭弘　　髙倉 弘光　　笠 雷太
　　　　横山 みどり　　平川 譲　　山田 誠　　梅澤 真一　　山本 良和

各教科・領域（「きめる学び」の研究期間である平成27〜令和元年度に在籍した教員，五十音順）
● 国語
　　青木 伸生　　青山 由紀　　桂 聖　　白石 範孝　　白坂 洋一　　二瓶 弘行　　弥延 浩史
● 社会
　　梅澤 真一　　粕谷 昌良　　山下 真一　　由井薗 健
● 算数
　　大野 桂　　盛山 隆雄　　田中 博史　　中田 寿幸　　夏坂 哲志　　森本 隆史　　山本 良和
● 理科
　　佐々木 昭弘　　志田 正訓　　白岩 等　　鷲見 辰美　　辻 健　　富田 瑞枝　　森田 和良
● 音楽
　　笠原 壮史　　髙倉 弘光　　中島 寿　　平野 次郎
● 図画工作
　　北川 智久　　仲嶺 盛之　　笠 雷太
● 家庭
　　横山 みどり
● 体育
　　齋藤 直人　　清水 由　　平川 譲　　眞榮里 耕太
● 道徳
　　加藤 宣行　　山田 誠
● 英語活動
　　荒井 和枝　　大野 桂　　笠原 壮史　　加藤 宣行　　籠島 聡子　　志田 正訓
　　清水 由　　髙倉 弘光　　森本 隆史
● 総合活動
　　青木 伸生　　梅澤 真一　　粕谷 昌良　　桂 聖　　齋藤 直人　　白坂 洋一　　盛山 隆雄
　　辻 健　　中田 寿幸　　仲嶺 盛之　　夏坂 哲志　　由井薗 健　　横山 みどり
● 情報・ICT活動
　　青山 由紀　　笠原 壮史　　北川 智久　　鷲見 辰美　　平川 譲　　平野 次郎
　　眞榮里 耕太　　弥延 浩史　　山本 良和　　横山 みどり　　笠 雷太
● 養護
　　齋藤 久美

「きめる」学び

2019 年 7 月 10 日　初版第 1 刷発行　[検印省略]
2023 年 3 月 1 日　初版第 2 刷発行

著　者　　筑波大学附属小学校 ©
発行人　　則岡秀卓
発行所　　株式会社 図書文化社
　　　　　〒112-0012　東京都文京区大塚 1-4-15
　　　　　Tel. 03-3943-2511　Fax. 03-3943-2519
　　　　　振替　00160-7-67697
　　　　　http://www.toshobunka.co.jp/
装　幀　　笠　雷太
組　版　　株式会社 Sun Fuerza
印　刷　　株式会社 厚徳社
製　本　　株式会社 村上製本所

JCOPY〈出版者著作権管理機構 委託出版物〉
本書の無断複写は著作権法上での例外を除き禁じられています。
複写される場合は，そのつど事前に，出版者著作権管理機構
(電話 03-5244-5088, FAX 03-5244-5089, e-mail：info@jcopy.or.jp)
の許諾を得てください。

乱丁・落丁本の場合はお取り替えいたします。
定価はカバーに表示してあります。
ISBN　978-4-8100-9733-7　C3037

筑波大学附属小学校　授業づくりの実践事例集

「習得―活用―探究」サイクルの指導法

子ども力を高める授業
活用する力，伝え合う力，○○科好きを育てる

筑波大学附属小学校　[著]

B5判　192頁●定価[本体2,400＋税]

「子ども力」を研究テーマに「学んだことを生かし未来を切り拓く」を重点課題として4年間取り組み，「習得―活用―探究」サイクルの指導法を具体化。各教科・道徳・総合の具体的実践《31事例》を紹介。

目次
- 第1章　「子ども力」の基礎理論
- 第2章　「子ども力」を高める指導法
- 第3章　「子ども力」を高める実践【各教科・領域の考え方と実践事例】
  国語科／社会科／算数科／理科／音楽科／図画工作科／家庭科／体育科／道徳／総合活動

筑波大学附属小学校版「思考力・判断力・表現力」の授業づくり

筑波大学附属小学校の「独創」の教育
「自分らしさ」と「その人らしさ」を認め合う授業づくり

筑波大学附属小学校　[著]

B5判　160頁●定価[本体2,400＋税]

「共生・共創の学び」をベースに，仲間との関わりの中で育まれる「独創」をテーマに取り組んだ4年間の研究成果とその実践事例。

目次
- 第1部　「独創」の教育とは何か
  1　「『独創』の教育」で育む資質・能力
  2　「『独創』の授業」の条件と指導法の核
- 第2部　各教科・領域における「『独創』の授業」
  国語科／社会科／算数科／理科／音楽科／図画工作科／家庭科／体育科／道徳／総合活動

図書文化